Auch
1887

Friedrich von Schiller

Jeanne d'Arc

La pucelle d'Orléans

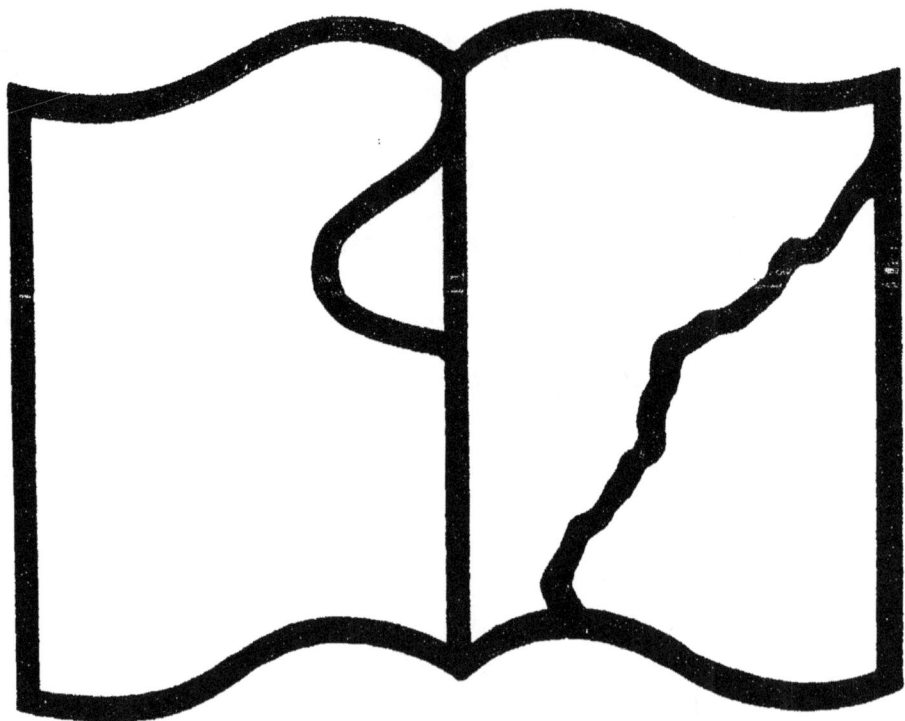

Symbole applicable
pour tout, ou partie
des documents microfilmés

Texte détérioré — reliure défectueuse

NF Z 43-120-11

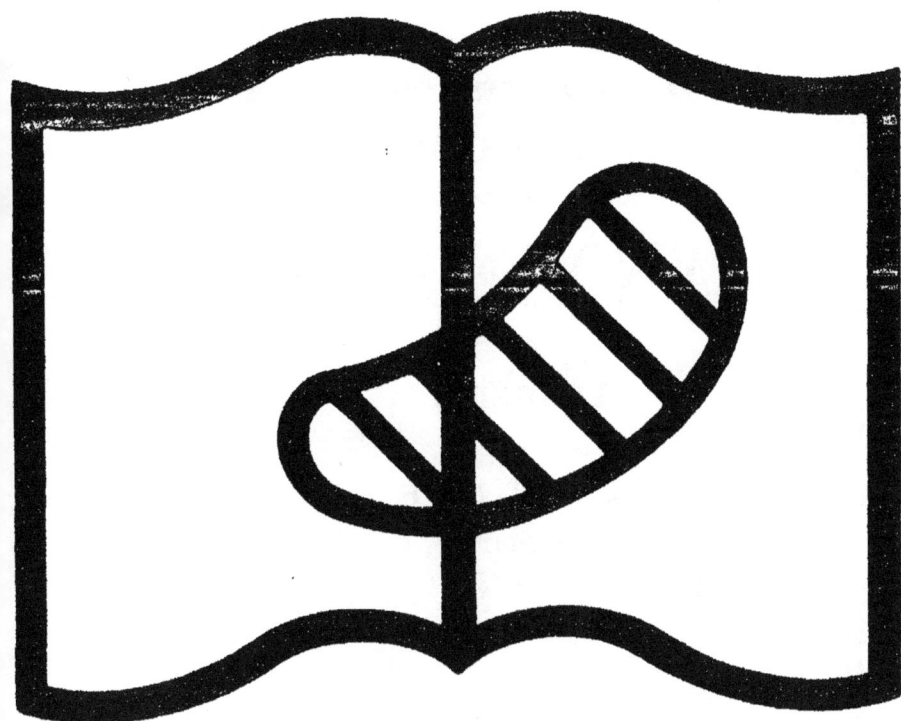

Symbole applicable
pour tout, ou partie
des documents microfilmés

Original illisible

NF Z 43-120-10

LA PUCELLE D'ORLÉANS

JEANNE D'ARC

TRAGÉDIE

DE

SCHILLER

TRADUITE

DE

L'ALLEMAND

EN

VERS FRANÇAIS

PAR

M. V.

AUCH

IMPRIMERIE & LITHOGRAPHIE J. LARTET

1887

LA PUCELLE D'ORLÉANS

JEANNE D'ARC

TRAGÉDIE

DE

SCHILLER

TRADUITE

DE

L'ALLEMAND

EN

VERS FRANÇAIS

PAR

M. V.

AUCH

IMPRIMERIE & LITHOGRAPHIE J. LARTET

1887

LA PUCELLE D'ORLÉANS

PERSONNAGES

CHARLES VII, roi de France.
La reine ISABEAU, sa mère.
AGNÈS SOREL, sa fiancée.
PHILIPPE le BON, duc de Bourgogne.
Le comte DUNOIS, bâtard d'Orléans.
LA HIRE,
DUCHATEL, } officiers royaux.
L'ARCHEVÊQUE de Reims.
CHATILLON, chevalier Bourguignon.
RAOUL, chevalier Lorrain.
TALBOT, général en chef Anglais.
LIONEL,
FASTOLF, } capitaines Anglais.
MONTGOMÉRY, chef Gallois.
Des ÉCHEVINS d'Orléans.
Un héraut Anglais.
THIBAUT d'ARC, riche cultivateur.
MARGOT,
LOUISON, } ses filles.
JEANNE,
ETIENNE,
CLAUDE-MARIE, } leurs prétendants
RAYMOND, .

BERTRAND, autre cultivateur.
Un chevalier noir (apparition).
Un charbonnier et sa femme.
Soldats, Peuple, Serviteurs du roi, Evèques, Moines, Maréchaux, Magistrats, Courtisans et autres personnages muets dans le cortège du couronnement.

LA PUCELLE D'ORLÉANS

PROLOGUE.

Un paysage champêtre. — A droite sur le devant, une image de Saint dans une chapelle. — A gauche un grand chêne.

SCÈNE PREMIÈRE.

Thibaut d'Arc. — Ses trois filles. — Trois jeunes bergers leurs prétendants. — Thibaut donne deux de ses filles à deux bergers qui demandent leur main, et rappelle la triste situation de la France envahie par les Anglais.

THIBAUT.

Oui ! chers voisins ! Ce jour nous voit encor Français,
Et libres citoyens, maîtres des vieux guérets
Qu'ont creusé nos aïeux !... Qui sera roi de France
Demain ! nul ne le sait !. L'anglais plein d'espérance,
Sur nos derniers clochers fait flotter ses drapeaux,
Et nos riches moissons fouler par ses chevaux.
Son roi, comme un vainqueur, reçu dans Paris même,
A ceint de Dagobert l'antique diadème.
Spolié, fugitif dans ses propres Etats,
Notre roi voit marcher contre ses chers soldats   10
Le premier de ses pairs, son cousin le plus proche ;
Et sa mère, sans cœur, comme le chef, s'approche.
Le feu consume autour villages et cités.

La sinistre lueur des pays dévastés
Approche tous les jours de nos douces familles.
Aussi, mes chers voisins, je vais placer mes filles.
Je vais, puisque je peux encor facilement,
Envers mon Dieu remplir un vieil engagement.
Dans les périls nombreux que fait naître la guerre,
La femme a bien besoin d'un appui sur la terre.   20
Joyeux, l'ami fidèle accepte le dépôt.

(Au premier Berger).

Vous, Etienne, venez ! vous recherchez Margot.
Si les champs sont unis, le cœur l'est plus encore.
Pour cet hymen, je crois, de beaux jours vont éclore.

(Au Second).

Et vous Claude-Marie !.. Eh quoi? Vous vous taisez,
Et ma chère Louison se tient les yeux baissés !
Je pourrais donc toujours écarter ces deux âmes
Comme une riche dot n'excite pas leur flammes?
Où sont les riches dots?. Nos granges, nos moissons
Sont en proie aux anglais, ou bien à leurs brandons.   30
Oui! dans ces jours troublés, les seuls appuis solides
Se trouvent dans le cœur des hommes intrépides !

LOUISON.

Mon père !

CLAUDE-MARIE.

Ma Louison !

LOUISON (embrassant Jeanne).

O ma très chère sœur !

THIBAUT.

A chacune de vous je donne avec bonheur,
Et trente acres de terre, et ferme avec étable,

Enfin un beau troupeau. De sa main adorable
Le Seigneur m'a béni jusqu'à ces jours heureux.
Puisse-t-il envers vous être aussi généreux !

MARGOT (*embrassant Jeanne*).

Réjouis notre père ! Allons ! suis notre exemple !
Qu'aujourd'hui trois unions le peuple ici contemple.   40

THIBAUT.

Allez ! préparez tout ! Demain c'est le grand jour,
Et je veux que la joie éclate en ce séjour.
   (*Les deux couples s'en vont bras-dessus bras-dessous*).

SCÈNE SECONDE.

   Reproches adressés par Thibaut à sa fille Jeanne qui
refuse de se marier et se complait dans la solitude.

THIBAUT, RAYMOND, JEANNE.

THIBAUT.

Jeannette ! Tes deux sœurs vont célébrer leur fête.
A fêter mes vieux ans chacune ainsi s'apprête.
Toi, ma cadette, hélas ! tu veux me chagriner !

RAYMOND.

Qu'avez-vous donc, Thibaut pour la morigéner ?

THIBAUT.

Voilà ce bon jeune homme. Il n'a pas au village
Son égal en vertu parmi ceux de son âge.
Eprouvant en vers toi de l'inclination,
Il a depuis trois ans recherché ton union.   50
Il déguise à regret sa douce préférence,
Et tu vois ces souhaits avec indifférence.
Ah ! si du moins ici se trouvait un berger
Qui put un doux sourire à la fin échanger !
Aujourd'hui, c'est pour toi l'éclat de la jeunesse,

La vie a son printemps, le bonheur sans tristesse.
Comme une belle fleur tu parais resplendir.
Mais du bouton le fruit je ne vois pas sortir.
Personne ne voudra que je me réjouisse.
De la nature ici je ne vois qu'un caprice !   60
Je n'admettrai jamais qu'on sente la froideur
A cet âge où le cœur a toute son ardeur !

RAYMOND.

Ne soyez pas inquiet pour semblable vétille.
Car l'amour que ressent cette excellente fille,
Est un don du seigneur, un fruit du paradis
Dont le mystère encor vient augmenter le prix.
La montagne est le lieu chéri de la bergère.
Elle craint de quitter la paix de la bruyère
Pour aller des humains habiter les abris,
Où de cruels chagrins sont constamment nourris.   70
Etonné, bien souvent du fond de la vallée
Je l'aperçois debout sur la côte isolée.
Plus qu'à ses chers troupeaux elle est à son amour,
Et regarde en pitié notre triste séjour.
Là, cette noble enfant, bien digne d'un autre âge,
Me parait écouter un céleste langage.

THIBAUT.

Et ! cela justement est contre mon désir !
Vivre loin de ses sœurs est pour elle un plaisir.
Les monts les plus déserts semblent la rendre heureuse.
D'y fuir avant le jour elle est tout orgueilleuse.   80
Aux moments de l'effroi, quand les autres mortels
Veulent se préserver des coups des criminels,
Jeanne comme l'oiseau glisse d'un pas agile,
A travers la nuit sombre, en esprit si fertile,
Et du village enfin passant le carrefour,
En secret sur le mont converse jusqu'au jour.

Pourquoi choisir ce lieu toujours de préférence ?
Pour garder son troupeau pourquoi cette éminence ?
Je vois Jeanne souvent s'asseoir et méditer
Sous un chêne où les saints ne sauraient habiter.   90
Qui pourrait en ce lieu rester avec prudence
Quand les esprits mauvais en font leur résidence
Depuis le temps bien loin du culte des païens ?
Un terrible récit nous vient de nos anciens.
« Souvent, nous disent-ils, d'étranges voix s'entendent,
De ces sombres rameaux des bruits confus descendent. »
Et moi-même attardé certain soir en chemin
Sous ce chêne surpris j'aperçus une main
Qu'un fantôme de femme à la face flétrie,
Ôtait du vêtement tout-à-fait amaigrie.   100
Elle semblait vouloir attirer l'attention.
Mais je m'enfuis alors rempli d'appréhension,
Au seigneur tout heureux de confier mon âme.

RAYMOND

(montrant une image de saint dans la chapelle).

Cette image est pour Jeanne un objet qui l'enflamme.
C'est elle qui l'attire et lui donne la paix.
Pour moi je ne vois rien de Satan dans ces faits.

THIBAUT.

Oh ! non ! non ! rien ici ne semble pardonnable.

Ces songes, ces visions, tout paraît condamnable.
Oui ! par trois fois à Reims, moi-même j'ai cru voir
Sur le trône royal notre Jeanne s'asseoir.   110
A son front éclatant que la gloire environne
Sept étoiles alors formaient une couronne.
Au sceptre qu'elle avait en signe de grandeur,
On voyait sur un lis naître une triple fleur.
Son père et ses deux sœurs ainsi que tous les princes,
Les comtes, les seigneurs, le roi chef des provinces,

Devant Jeanne gracieux me semblaient s'incliner.
Pourquoi donc tant d'éclat vient-il m'environner ?
Pour moi, cela prédit un très prochain naufrage.
Oui ! je ne vois ici qu'un affligeant présage   120
Condamnant en ma fille un prodigieux orgueil.
Sa naissance est pour Jeanne une cause de deuil.
Elle reçut du ciel sa beauté surprenante.
Lui faisant de ses dons une part éclatante,
Le Seigneur, ce me semble, entretient dans son cœur
Un dangereux orgueil pour l'insigne faveur.
C'est l'orgueil autrefois qui fit tomber un ange.
De l'homme par l'orgueil l'esprit mauvais se venge.

RAYMOND.

Qui peut-on bien à Jeanne en ce lieu comparer ?
Qui voudrait en vertu chercher à l'égaler ?   130
Elle est de ses deux sœurs la très humble servante.
De ses vertus jamais voit-on qu'elle se vante ?
Et ne fait-elle pas dans sa propre maison
Ce que ses sœurs feraient souvent avec raison ?
Et cela sans mot dire, en toute obéissance !
En elle le Seigneur nous montre sa puissance.
Vous voyez vos troupeaux, vos champs s'améliorer,
Et tout ce que fait Jeanne aussitôt prospérer.
C'est pour elle un bonheur vraiment inconcevable.

THIBAUT.

Oui ! vous avez raison ! Un bonheur incroyable !   140
Une bizarre idée à ce sujet me vient.
Je ne dirai plus rien... Le silence convient.
C'est pourquoi je veux bien en ce moment me taire.
D'ailleurs, dois-je accuser une fille si chère ?
Et pourrais-je après tout l'empêcher de prier ?
Il faut un peu pourtant bientôt la contrarier,
Lui dire : Sous ce chêne évite de te rendre.

Que personne en ce lieu ne puisse te surprendre
Seule, creusant cet arbre, ou bien à minuit   130
Préparant un breuvage en ce sombre réduit.
Ne va pas sur le sable écrire quelque signe.
Car toujours des esprits l'influence est maligne.
Couchée en cet endroit tu restes par moment
A voir s'il vient d'enhaut du bruit, du mouvement.
Ne sois plus seule ici ! Car tu le sais toi-même.
Satan dans le désert tenta l'Être suprême !

SCÈNE TROISIÈME.

Jeanne s'exalte à la vue d'un casque, et en entendant
les nouvelles apportées par Bertrand, elle annonce que la
France sera bientôt sauvée par miracle.

BERTRAND *entre un casque à la main.*

THIBAUT, RAYMOND, JEANNE.

RAYMOND.

Silence ! c'est Bertrand ! De la ville il revient.
Voyez l'étrange objet que dans sa main il tient.

BERTRAND.

Ce que j'ai me paraît causer de la surprise.

THIBAUT.

Avec grande raison, cher voisin, quoi qu'on dise.   160
Expliquez donc pourquoi ce casque à votre bras !
Pourquoi nous apporter cet objet de combats
Dans notre cher pays jusqu'ici très paisible.

(Jeanne qui, pendant les deux scènes précédentes, s'était
tenue à l'écart et en silence et sans prendre part à la
conversation, devient attentive et se rapproche).

BERTRAND.

Vous dire le pourquoi m'est à peine possible.
J'étais à Vaucouleurs où j'avais acheté

Plusieurs objets de fer, quand soudain au marché
Le peuple en foule accourt, se presse et se rassemble.
Les revers d'Orléans sont cause qu'il s'assemble.
On aurait dit alors une sédition.
Quand je veux traverser cette population,   170
Je trouve une Gitane à l'ardente prunelle :
« Vous cherchez, je le sais ! tenez, prenez dit-elle.
Ce casque je le donne à très modeste prix. »
A cette Bohémienne alors je répondis :
« Je suis un paysan. Vous vous trompez d'adresse.
Il n'est qu'un soldat seul que ce casque intéresse. »
Mais elle me suivant encore un peu plus loin :
« Personne ne dira qu'il n'en a pas besoin.
Un casque me paraît en ce temps difficile,
Bien plus qu'une maison être pour vous utile. »   180
En me suivant ainsi dans toute la cité,
Elle m'en fit charger contre ma volonté.
J'examine le casque. Alors je me résigne.
Il était beau, brillant, d'un chevalier bien digne.
Pendant que je marchais, je l'avais à la main,
Et pensais en moi-même au bizarre destin.
Dans le rassemblement la femme Bohémienne
Eut bientôt disparu. Mais l'arme restait mienne.

    JEANNE (*saisissant le casque avec passion*).

Donnez-moi donc ce casque !

        BERTRAND.

             Où veut-elle en venir ?
A cette fille un casque irait-il convenir ?   190

    JEANNE (*lui arrachant le casque*).

Ce casque m'appartient vous dis-je !

        THIBAUT.

            Oh cette armure
De ton sexe jamais ne sera la coiffure !

RAYMOND.

Laissez la donc tranquille ! A ce cœur valeureux,
Au contraire sied bien la coiffure des preux.
Elle croit, en effet, se trouver en présence
Du guépard qui d'agneaux fait un carnage immense,
Inspire la terreur même au plus fier berger.
Jeanne au cœur de lion affrontant le danger
Combat contre le loup, et bientôt lui fait rendre
L'agneau que dans sa gueule il commençait à prendre. 200
Quelque valeureux chef qu'il fasse resplendir
Ce casque ne pourra de plus digne en couvrir.

THIBAUT (à *Bertrand*),

Parlez ! Quelle défaite avons-nous éprouvée ?
Quelle est par les fuyards la nouvelle apportée ?

BERTRAND.

Que le Seigneur au roi veuille donner secours,
Des malheurs de la France interrompre le cours !
Deux combats ont vu fuir nos troupes éperdues,
Jusqu'à la Loire aussi nos provinces perdues.
La moitié de la France appartient aux Anglais.
Ces derniers ont marché de succès en succès,   210
Et déjà d'Orléans ils commencent le siège.

THIBAUT.

Dieu veuille secourir le roi ! qu'il le protège !

BERTRAND.

Bon nombre de canons y vont de toutes parts.
Les abeilles, l'été en nombreux corps épars,
Font chauffer le butin qu'elles ont avec elles.
Nombreuses s'abattant aussi les sauterelles
Vont au loin recouvrir nos fertiles sillons.
De même l'étranger en épais bataillons,
Tout autour d'Orléans a submergé les plaines,
Formant un bruit confus de vingt langues humaines. 220

Le fier duc de Bourgogne a mené ses soldats.
Les habitants de Liège arrivent aux combats.
Tous ceux du Luxembourg en poules si fertile,
Namur et le Brabant à la terre docile,
Gand qui sait préparer la soie et le velours,
Séeland qui sur la mer ose bâtir ses tours,
Les Hollandais qui font des troupeaux nombreux paître,
Utrecht, ceux que l'Ouest à ses confins vit naître,
Ceux qu'on sait habiter près du pôle glacé,
Tout autour d'Orléans ont leurs soldats massé,   230
Au chef des Bourguignons prôtant obéissance.
Ils croient de la cité vaincre la résistance.

    THIBAUT.

Oh ! lamentable lutte ! Oh ! funestes excès,
Où l'on voit des Français combattre des Français.

    BERTRAND.

On peut apercevoir chevauchant dans la plaine
Recouverte de fer même la vieille reine,
L'orgueilleuse Isabeau, fille du souverain
De la noble Bavière. Avec un front d'airain
Elle livre aux Anglais le fruit de ses entrailles.

    THIBAUT.

Puissions-nous voir bientôt ses propres funérailles !   240
Puisse Dieu condamner cette autre Jézabel !

    BERTRAND.

Pour conduire le siège, ainsi que Lionel.
On voit Salisbury, le grand preneur de villes ;
Puis Talbot dont l'épée en de nombreuses files
Abat nos chers soldats. Leur ignoble fierté
Par les derniers affronts veut punir la cité.
A tous les prisonniers ils oteront la vie.
Salisbury du haut de quatre tours épie

Avec nos mouvements les trop faibles remparts
Qu'en ville ont pu dresser nos bataillons épars.   250
Talbot de ses boulets a lancé quatre mille
De cent livres chacun. Les Eglises en ville
Couvrent de leurs débris tout le sol d'alentour.
Notre-Dame elle-même a vu baisser sa tour.
Les Anglais ont creusé sous terre des ruelles
Sur lesquelles en proie à des transes cruelles
Repose cette ville. Elle attend un trépas
Entouré de tonnerre et d'horrible fracas.

    (Jeanne écoute avec plus d'attention et met le casque).

    THIBAUT.

Où restaient ces guerriers au glaive si terrible,
Xaintrailles et La Hire, et cet autre invincible,   260
Dunois, de ce pays surnommé le rempart,
Qu'on ait vu si souvent s'enfuir notre étendard ?
Où donc est notre roi ? Pourrait-il sans souffrance
Assister aux revers de notre chère France ?

    BERTRAND.

Le roi reste à Chinon avec toute sa cour.
En vain de son armée on attend le secours.
Des chefs et des héros que peut-on bien attendre
Quand les autres guerriers n'osent rien entreprendre?
Un effroi comme Dieu répand en tant de lieux,
S'est emparé du cœur de nos plus courageux.   270
En vain des généraux les appels retentissent.
Semblables aux moutons qui de peur se blotissent
En entendant du loup les affreux hurlements,
Les Français oublieux du renom d'autres temps
Cherchent sous des remparts l'abri contre l'orage.
Un chevalier pourtant a, dit-on le courage,
De lever une troupe, en ce pénible effroi,
Avec seize fanions d'aller trouver le roi.

JEANNE (*tout-à-coup*).

Le nom du chevalier ?

BERTRAND.

                        Baudicour Avec peine
Il fuira les Anglais ! car jusqu'à perdre haleine   280
Par deux corps ennemis les Français sont pressés.

JEANNE.

Où donc est Baudicour ? Dites si vous savez.

BERTRAND.

Un jour de marche au plus de Vaucouleurs l'éloigne.

THIBAUT.

De quoi t'occupes-tu ? Cette ardeur qu'il témoigne.
A ton sexe, je crois, ne saurait convenir.

BERTRAND.

Les Anglais sont puissants. Ils vont tout envahir.
Du roi nous ne pouvons aucun secours attendre.
Ne nous étonnons pas du parti qu'ont dû prendre
Les gens de Vaucouleurs d'avoir pour souverain
Le duc des Bourguignons. Ils évitent le frein   290
De l'Anglais détesté ; puis, cette dépendance
Rappelle à d'autres rois l'antique obéissance.
La France et la Bourgogne ayant conclu la paix,
Les traités d'autres fois pourraient être refaits !

JEANNE (*d'un ton d'inspiration*).

Ni tradition ! ni paix ! La France doit combattre !
Car le sauveur approche. Il va bientôt s'abattre
Sur nos cruels vainqueurs, les terribles Anglais,
Et devant Orléans arrêter leurs progrès.
La mesure est comblée et la moisson est prête.
Aussi, dans ce moment une fille s'apprête   300
Des blés de l'étranger à baisser la hauteur.
L'Anglais, grâce au Très-Haut verra choir sa grandeur.

Non ! plus de découragement ! plus de déroute !
Avant qu'on puisse voir (ceci n'est pas un doute)
Ou le seigle jaunir, ou la lune en son plein,
La Pucelle aux Anglais faisant sentir le frein,
Forcera leurs chevaux par sa belle victoire,
A ne plus s'abreuver au fleuve de la Loire.

BERTRAND.

Plus de miracle hélas !

JEANNE.

On peut en voir encor !
Une blanche colombe au foudroyant essor   310
De l'aigle courageux imitant la hardiesse
Saura sans plus tarder rabattre l'allégresse
Des ignobles vautours souillant le sol français.
Le chef des Bourguignons n'aura plus de succès
Lui qui si lâchement quitta notre bannière.
Elle vaincra Talbot dont l'audace guerrière
S'illustra parmi nous dans plus de cent combats ;
Enfin Salisbury dont les noirs attentats
Outragent nos autels, et tous ces insulaires
Fuiront comme l'agneau, regagnant leurs repaires.   320
Le seigneur des combats saura bien l'assister.
Il veut ainsi le faible ici-bas exalter.
A l'aide d'une fille il montrera sa gloire
Il est le Tout-Puissant. A lui seul la victoire !

THIBAUT.

Quel est donc cet esprit qui pousse mon enfant.

RAYMOND.

Le casque pour la guerre excite son penchant.
A sa joue enflammée, à sa prunelle ardente,
Sans doute il faut penser que le feu la tourmente.

2

JEANNE.

Le royaume de France est-il donc rejeté ?
Le pays de l'honneur qui surpasse en beauté   330
Tous ceux que dans son cours notre soleil éclaire,
Le paradis de l'homme ici-bas sur la terre,
Le pays qui par Dieu comme l'œil est chéri
Irait traîner les fers de son vil ennemi !
Là finit des païens la puissance orgueilleuse.
Là brilla tout d'abord une croix merveilleuse.
Là reposent glorieux les restes de Saint-Louis.
Là s'armèrent ceux qui Jéruzalem ont pris !

BERTRAND (*étonné*).

Ecoutez ce discours. Cette enfant magnanime
Où pût-elle trouver cette vision sublime ?   340
Père Arc ! Jeannne à mon sens est un présent du ciel.

JEANNE.

Quoi ? La France perdrait son maître naturel !
Nous n'aurions plus de roi que notre sol vit naître !
Celui qui ne meurt pas viendrait à disparaître ?
Celui par qui nos champs sont protégés toujours,
Et donnent chaque année un fruit à nos labours,
Le chef auquel les serfs doivent leur allégresse,
Et toutes nos cités leur gloire et leur richesse,
Celui qui peut répandre et l'espoir et l'effroi,
Sans connaître l'envie, ah ! n'est-ce pas le roi ?   350
Il est homme, et pourtant montre de la clémence
A l'égard de tous ceux qui combattent la France.
Car le trône du roi tout resplandissant d'or
A tous les délaissés sert de refuge encor !
Là se trouvent toujours la bonté, la puissance.
Si le coupable craint, c'est avec confiance
Que le juste s'approche, ose aussi plaisanter
Le lion sur son trône !... Eh ! bien cet étranger

Qui vient en roi brutal nous apporter la guerre
Aurait-il loin des siens une affection sincère ?   360
Qui n'a pas été jeune avec nos jeunes gens
Serait-il comme un père à l'égard des enfants,
Quand son cœur n'entend pas notre gracieux langage ?

THIBAUT.

Que Dieu de son secours donne à la France un gage !
Nous sommes tous ici partisans de la paix,
Et le glaive par nous ne fut porté jamais.
Sur un cheval fougueux chacun de nous chancelle.
Attendons que le sort pour nous lui-même appelle
Le chef qui doit régner. Or, dans tous les combats
Dieu donne la victoire à ses plus chers soldats.   370
Celui-là sera roi qui placé sur le trône
Recevra l'huile sainte à Reims et la couronne.
Au travail ! Et pensons seulement au présent.
Laissons pour dominer lutter le conquérant.
Tranquilles contemplons ce que le fer ravage.
Car notre France éprouve un effroyable orage.
Le feu de l'ennemi détruit tous nos hameaux.
Tous nos blés sont foulés aux pieds de ses chevaux.
Mais au printemps viendra la récolte nouvelle,
Et la chaumière en feu reparaîtra plus belle !

(Tous sortent excepté Jeanne).

SCÈNE QUATRIÈME

Adieux de Jeanne au pays dans lequel elle a vécu
jusqu'alors

JEANNE *(seule).*

Salut à vous côteaux, pâturages chéris !
Salut à vous vallons si doux à mes brebis !
Je ne vous verrai plus ! Quelle que soit l'envie,

Vous ne verrez plus Jeanne aucun jour de sa vie.
Vous prés que j'arrosais, arbres que je plantais,
Verdoyez, grandissez comme si je restais.
Adieu grotte agréable, et vous fraiche fontaine,
Echo de mes doux chants ô vous la voix lointaine
Les répétant sans cesse à ceux des alentours,
Jeanne vous dit adieu, vous le dit pour toujours !　　390
Vous aussi lieux témoins de ma tranquille joie
Je vous laisse à jamais pour ceux où Dieu m'envoie.
Agneaux dans la bruyère il vous faut partager.
Vous êtes aujourd'hui des agneaux sans berger.
A d'autres désormais je donnerai mes peines
Au milieu des périls, dans de sanglantes plaines.
Je crois de mon esprit devoir répondre aux vœux.
Rien de mondain ici, rien de présomptueux !
— Celui qui sur l'Horeb attestant sa présence,
D'un buisson flamboyant revêtit l'apparence,　　400
Et voulut que Moïse allât chez Pharaon,
Celui qui désigna pour combattre en son nom
Le berger d'Isaïe à son adolescence.
Toujours pour les bergers montra sa préférence,
Me dit un jour aussi sous cet arbre là-bas :
« Va montrer aux Anglais la force de mon bras ! »
— A t'enserrer d'airin il te faut condescendre,
A recouvrir d'acier ta poitrine si tendre.
Rejetant loin de toi l'affection d'un mortel
Tu fuiras les plaisirs pour conquérir le ciel.　　410
On ne te verra pas sous un joug agréable
Presser contre ton sein un nourrisson aimable.
Cependant par le nom acquis dans les dangers
Tu surpasseras tout et nobles et bergers !
— Quand les plus courageux perdent la confiance,
Lorsqu'à son dernier jour paraît être la France,
Portant mon oriflamme avant les bataillons,
Comme la moissonneuse à travers les sillons

De l'Anglais conflant tu vaincras l'arrogance.
Avec toi désormais finira sa puissance.   420
Par toi le noble Franc se verra délivré.
Par toi le roi lui-même à Reims sera sacré !
— Le ciel de son désir vient de donner un signe.
De ce casque l'envoi clairement le désigne.
De la force d'En-Haut son fer me vêtira.
L'ardeur des chérubins au feu m'enflammera.
Au fort de la mêlée en protégeant ma tête,
Elle ira devant moi semblable à la tempête.
J'entends le cri de guerre avec force appeler,
Le bruit des combattants, des clairons approcher !   430

ACTE PREMIER

Le camp et la cour du Roi à Chinon.

SCÈNE PREMIÈRE.

Récriminations de Dunois contre la coupable apathie
de Charles VII.

DUNOIS ET DUCHATEL.

DUNOIS.

Non ! Non ! Je n'y tiens plus ! Trop grande est la souffrance
De se voir délaissé d'un roi dans l'indolence.
Je sens dans ma poitrine un cœur de fer saigner,
Et des larmes de feu mon visage baigner,
Dans ce cruel moment où dans l'antique France
Les Anglais abhorrés prennent avec vaillance
Tant d'illustres cités que bâtirent nos rois,
Et reçoivent leurs clefs en leur donnant des lois !

Nous lâches nous perdons dans un repos sans gloire
Le temps qu'il nous fallait pour gagner la victoire.   440
Apprenant qu'Orléans se trouvait menacé,
La Normandie au loin aussitôt j'ai laissé.
Je pensais, en effet, étant homme de guerre,
Trouver le Souverain combattant l'Angleterre.
Mais je vois avec lui troubadours et bouffons.
Il cherche à débrouiller de subtiles questions,
Et donne à sa Sorel chaque jour une fête
Comme si nous étions dans une paix complète.
Le connétable part. Il était attristé
De voir un tel spectacle, et moi-même écœuré,   250
Je m'en vais déplorant un sort épouvantable.

DUCHATEL.

Voici le roi qui vient !

SCÈNE SECONDE.

Le caractère de Charles VII se dessine dans son
dialogue avec Dunois et Duchâtel.

LE ROI CHARLES ET LES PRÉCÉDENTS.

CHARLES.

                                Enfin, le connétable
Part et rend son épée. Aujourd'hui sûrement
Disparaît un bourru qui grondait constamment.

DUNOIS.

Un homme à quelque prix dans ce temps difficile.
A le laisser partir j'eusse été moins facile.

CHARLES.

Vous parlez de la sorte afin de contrarier.
Vous ne pouviez jamais sur rien vous accorder.

DUNOIS.

Il était fou d'orgueil, d'humeur insupportable.
Il s'est ici pourtant montré fort raisonnable.   460
En effet, pour partir pouvait-il mieux choisir
Qu'un temps où l'on n'a plus de gloire à conquérir ?

CHARLES.

Vous êtes aujourd'hui d'une humeur fort plaisante.
Je n'insisterai pas dans l'affaire présente.
Duchâtel ! Nous avons plusieurs ambassadeurs
Du bon vieux roi René ! Je veux avec honneurs
Les traiter, leur donner une précieuse chaîne.
Car leur réputation pour le chant est lointaine.
Ils sont maîtres fameux !

(à Dunois)
Est-ce que vous riez ?

DUNOIS.

Oui ! De la chaîne d'or dont ici vous parlez !

DUCHATEL.

Des caisses sans argent vous sont bien inutiles.

CHARLES.

Procurez de l'argent. Des chanteurs très habiles
Ne quittent pas ma cour sans être bien traités.
Car ils font reverdir les sceptres desséchés.
Et quand dans un pays la couronne est flétrie,
Ils savent conserver une branche fleurie.
Ils se posent en rois de leurs dominateurs
Qui ne peuvent jamais atteindre leurs hauteurs.
Ce royaume paisible est hors de leur puissance.
Le chanteur vient du roi compléter l'assistance.   480
Du genre humain tous deux ils tiennent le sommet.

DUCHATEL.

O mon royal Seigneur, je suis resté muet,
Tant que j'ai pu payer la dépense ordinaire.

Si je parle aujourd'hui je le crois nécessaire.
On ne peut ces chanteurs de la sorte honorer.
Car ce qu'il faut demain, comment le procurer ?
Pour vous s'est écoulé le flux de la richesse.
Sire ! votre trésor est en pleine détresse.
Tous vos nombreux soldats sont encore à payer.
Aussi menacent-ils de rentrer au foyer.   490
Aux besoins du palais je suffis avec peine,
Bien loin que de nourrir les princes j'entreprenne.

>   CHARLES.

Vous pouvez tous mes droits en mon nom engager,
Aux monts de piété de l'argent emprunter.

>   DUCHATEL.

Sire, depuis trois ans, que Dieu me le pardonne,
Par moi sont engagés les biens de la couronne.

>   DUNOIS.

Le gage et le terrain sont perdus sans succès.

>   CHARLES.

Beaucoup de beaux pays sont encore aux Français.

>   DUNOIS.

Si Dieu, nous le permet et le terrible glaive
De Talbot... Si jamais Orléans il enlève,   500
Comme le roi René vous devrez bien garder
Un troupeau de brebis.

>   CHARLES.

>   Je vous vois exercer

Votre esprit contre un roi qui loin du diadème
Se montre généreux comme un souverain même.

>   DUNOIS.

S'il fait au roi mon maître un superbe présent,
Naples n'est dans ce don pour rien assurément.
En effet, j'ai compris que ce trône est à vendre
Depuis que d'un troupeau la garde il a dû prendre.

CHARLES.

C'est un jeu de sa part, un pur amusement.
C'est par là qu'il se fait connaître intimement.   510
Un prince délicat, à l'âme noble et fière
Va suivre des bergers la vie apre et grossière,
Il a de grands projets, vraiment dignes de rois ;
Il veut nous ramener à ce temps d'autrefois
Où régnaient les pensers pleins de délicatesse,
Donnaient aux chevaliers la plus noble hardiesse,
Où la femme elle-même au seul droit s'attachait,
Le grand du délicat à la fois rapprochait.
Reportant sa pensée à cette heureuse époque
Que plus d'un romancier à son esprit évoque,   520
Le bon vieillard chez nous espère rétablir
Cette cité du ciel, la faire resplendir
Dans des nuages d'or. C'est avec ces idées
Qu'alors les cours d'amour par lui furent créées.
De nobles chevaliers y sont entrés heureux,
Et mainte honnête femme à le sceptre chez eux.
Là, les questions d'amour vont être décidées.
René veut que ces cours soient par moi présidées.

DUNOIS.

Sire, n'allez pas voir dans tout ce que je dis
Un propos offensant le roi que je chéris.   530
Je porte votre nom. Je vous dois l'existence.
Je tiens tout ce que j'ai de votre bienveillance,
Mon père, vous savez, était duc d'Orléans.
Tous ses traits des beautés restèrent triomphants.
Jamais un fort pour lui ne fut inexpugnable.
Pour que prince d'amour soit un titre équitable.
Vous devez l'emporter sur les plus courageux.
J'ai lu dans les auteurs qu'aux endroits périlleux,
Cet amour s'alliait toujours à la vaillance
Et même j'ai compris que toute préférence   540

Quand à la table ronde on désirait siéger,
Etait pour le héros et non pour le berger.
Celui qui ne veut pas toute beauté défendre
A votre précieux prix ne peut jamais prétendre.
La carrière est ouverte ! Allez comme un vrai preux
Combattre pour l'Etat qu'ont fondé vos aïeux.
Défendez le royaume, et par vos coups d'épées
Soyez le protecteur des femmes distinguées
Dans notre beau pays, en noblesse, en vertu !
Quand recouvert de sang chacun vous aura vu   550
Défendre en brave cœur la couronne si chère,
Alors vous pourrez bien sans que rien s'exagère,
Entourer votre front du myrthe de l'amour !

   CHARLES (*à l'un de ses écuyers qui vient d'entrer*).
Que se passe-t-il donc pour troubler ce séjour ?

   L'ÉCUYER.
Des Echevins d'Orléans à vous parler demandent.

   CHATLES.
Dites leur que le roi veut bien qu'il se présentent.

       (*L'écuyer s'en va*),
Ils vont, sans aucun doute, un secours implorer.
Comment ferais-je moi qui ne puis espérer ?

SCÈNE TROISIÈME.

 Les députés d'Orléans exposent au roi la malheureuse
situation de leur ville.

  TROIS CONSEILLERS ET LES PRÉCÉDENTS.

  CHARLES.
Soyez les bien venus dans ma triste demeure,
Habitants d'Orléans ! Quel est donc à cette heure   560
L'état de votre ville ? Est-on toujours vaillant.
Pour répondre, quand même, aux coups de l'assaillant ?

UN CONSEILLER.

Ah ! sire ! qui dira l'extrémité facheuse
Où se trouve aujourd'hui la cité malheureuse !
Et l'épreuve grandit ! Nos forts sont renversés.
L'Anglais à chaque assaut nous à tous dispersés.
Les murailles se voient de soldats dégarnies.
Car la garnison fait constamment des sorties.
Aussi rentrent chez nous très peu de combattants,
Et la cruelle faim va frapper Orléans !   570
Le comte Rochepierre au nom de notre ville
Veut cesser un combat désormais inutile.
Selon l'antique usage, il a fait un traité
Pour rendre à l'ennemi notre brave cité,
Si douze jours après on ne voit pas d'armée
Par laquelle Orléans puisse être délivrée.
            (*Dunois fait un grand mouvement de colère*).

CHARLES.

Le temps est vraiment court !

LE CONSEILLER.

                            Avec la permission
Des Anglais, nous venons toucher de compassion
Le cœur de notre roi sur un sort déplorable.
Sire ! envers Orléans montrez-vous secourable.   580
Sinon dans douze jours Orléans se rendra !

DUNOIS.

Jamais traité pareil Xaintrailles signera.
Il est trop humiliant pour notre chère France.

LE CONSEILLER.

Vous avez bien raison. Ah ! tant que l'existence
Put être conservée à ce noble héros,
On ne parla jamais de paix ni de repos !

DUNOIS.

Xaintrailles est donc mort !

LE CONSEILLER.

Au haut de nos murailles
Fut frappé pour son roi le valeureux Xaintrailles.

CHARLES.

Xaintrailles est donc mort! mes généreux soldats
Viennent de perdre un chef qu'on ne remplace pas.   590

(*Un chevalier arrive et échange quelques mots à voix basse avec Dunois qui paraît consterné*).

DUNOIS.

Encore ce malheur !

CHARLES.

Qu'avez-vous à vous plaindre ?

DUNOIS.

Douglas par un message aujourd'hui nous fait craindre
De voir les Ecossais rentrer dans leur pays,
Si de leur solde enfin ils ne touchent le prix.

CHARLES.

Duchâtel !

DUCHATEL (*haussant les épaules*)

De tout bien j'ai vu tarir la source.

CHARLES.

La moitié de la France est bien une ressource !

DUCHATEL.

Tout cela que vaut-il engagé plusieurs fois
Pour faire à la dépense un sérieux contrepoids?

CHARLES.

Les plus braves soldats de toute mon armée
Vont donc laisser la France aux Anglais exposée !   600

LE CONSEILLER (*se jetant aux pieds du roi*).

Sire par notre sort laissez-vous attendrir !

CHARLES (*désespéré*).

De terre les soldats puis-je faire sortir ?
Aie-je donc sous la main des greniers d'abondance ?
Vous pouvez me percer, j'en donne l'assurance,
Et m'arracher le cœur pour en faire de l'or !
Mais argent ni soldats, je n'en ai pas encor !
  (*Il voit Sorel qui entre, et s'avance vers elle les
  bras ouverts*).

SCÈNE QUATRIÈME.

Dévoûment d'Agnès Sorel.

Agnès Sorel, une cassette à la main.

LES PRÉCÉDENTS.

CHARLES.

O mon Agnès ! Ma vie ! Ah ! bien grande est ma peine !
Vous venez empêcher qu'un désespoir m'entraîne.
Je vous possède encor ! A vous donc j'ai recours.
Rien n'est encor perdu ! Car j'ai votre secours !   610

SOREL.

Oh ! mon cher Souverain !
  (*Jetant autour d'elle un regard timide pour interroger*).
                    DUCHATEL. La nouvelle
Que notre France éprouve une crise cruelle
Est-elle exagérée ?
                    DUCHATEL. Ah ! c'est la vérité !

SOREL.

Eh ! Quoi ! Nous en serions à cette extrêmité !
Nous n'avons pas de solde à donner à l'armée
Décidée à partir !
                    DUCHATEL.
            La nouvelle est fondée.

SOREL (*le forçant à prendre la cassette*).

Voilà ! Voilà de l'or ! Voilà tous mes joyaux !
Faites fondre l'argent ! Vendez tous mes châteaux.
Louez aussi les biens que j'ai dans la Provence.
Qu'on fasse de l'argent ! Que les soldats de France   620
Puissent toucher leur prêt ! Partez donc à l'instant !

                     (*Elle le fait sortir*).

CHARLES.

Eh ! Dunois, Duchâtel, suis-je donc à présent
Si pauvre, en possédant ce que Sorel me donne?
Aussi noble que moi qui porte la couronne,
Et d'un sang aussi pur que celui des Valois,
Elle pourrait s'asseoir sur le trône des rois.
Méprisant ce haut rang, elle est toute contente
De se dire toujours et d'être mon amante.
Elle m'a fait un don d'une haute valeur.
C'est comme un fruit très rare, en hiver une fleur.   630
Elle m'apporte tout, elle ne veut rien prendre
D'engager tous ses biens ne craint pas d'entreprendre.
C'est un cœur généreux qui veut me secourir !

DUNOIS.

Oui ! folle comme vous, elle croit tout guérir,
En jetant son avoir dans la maison brûlée,
Ou bien Danaüs dans la tonne percée !
Les désirs de Sorel seront infructueux.
Au lieu d'un seul ruiné, nous en compterons deux.   640

SOREL.

Allons donc ! Exposant dix fois sa propre vie,
Il se plaint qu'en ce jour mon or je sacrifie.
Nais-je pas tout offert ? Ais-je rien regretté
De ce que les humains ont toujours tant vanté ?
Je ne pourrais quitter un séjour si tranquille !
Laissez-moi rejeter ce qui m'est inutile.

Que tous puissent bien voir mon noble dévoûment.
Formez de votre cour un brave régiment.
Changez votre or en fer ! Les biens de la couronne,
Engagez-les sans peur dans l'intérêt du trône !   650
Affrontons la misère ainsi que les dangers,
Et montons à cheval comme de fiers guerriers ;
Qu'aux rayons du soleil chacun de nous s'expose
Et que durant la nuit sur la terre il repose.
Aucune privation n'effrayera nos soldats
Quand ils verront un roi qui ne s'en trouble pas.

CHARLES (*souriant*).

Je suis de votre avis. J'ai dans l'esprit présente
La prédiction ancienne et vraiment étonnante
Que fit la religieuse autrefois dans Clermont.
Elle m'assura bien d'un prophétique aplomb   660
Que sur mes ennemis d'obtenir la victoire
Une femme inspirée aurait un jour la gloire.
Je la cherchais au loin dans le camp des Anglais.
Je comptais que ma mère enfin j'apaiserais.
Pour me conduire à Reims ici j'ai l'héroïne.
L'amour de mon Agnès m'évitera la ruine.

SOREL.

C'est le bras des amis qui vous relèvera !

CHARLES.

Par la discorde aussi la guerre finira !
Je puis vous affirmer comme chose certaine
Que les chefs des Anglais par leur humeur hautaine, 670
Ont refroidi pour eux le duc des Bourguignons.
Heureux de profiter de leurs dissensions
J'ai dépêché vers lui le fidèle La Hire
Pour que mon ancien pair de chez eux se retire,
Et retrouve bientôt le chemin du devoir.
J'espère à chaque instant ici de le revoir.

DUCHATEL (*à la fenêtro*).

Sire, le chevalier chez vous vient de descendre.

CHARLES.

Quil soit le bien venu ! Car nous allons apprendre
Si nous sommes vaincus ou bien victorieux.

SCÈNE CINQUIÈME.

Mauvaises nouvelles apportées par La Hire. Charles VII
s'abandonne au désespoir.

LA HIRE ET LES PRÉCÉDENTS.

CHARLES (*va à sa rencontre*).

La Hire, d'espérer ais-je un motif sérieux ?   680
De suite expliquez-vous ? Que puis-je me promettre ?

LA HIRE.

L'épée en ce moment votre recours doit être.

CHARLES.

Le duc ne veut donc pas négocier avec moi ?
Comment a-t-il reçu le message du roi ?

LA HIRE.

À vos propositions pour être favorable,
Il veut que vous livriez celui qu'il dit coupable
De la mort de son père, en un mot Duchâtel.

CHARLES.

Pouvons-nous accepter ce pacte criminel ?

LA HIRE.

Vous devez le briser avant de l'entreprendre !

CHARLES.

Avez-vous proposé de vouloir bien se rendre   690
Au pont de Montereau pour nous battre en duel !
La son père tomba frappé du coup mortel.

LA HIRE.

Lui jetant votre gant, je dis cette parole :
« Quittez donc votre rang, et changeant votre rôle,
Allez croiser le fer pour votre royauté. »
Et lui me répliqua : « Jamais nécessité
Ne pourra m'engager à faire la conquête
D'un bien dont j'ai déjà l'emblème sur la tête. »
Si tant vous désirez quelques coups échanger
Tout auprès d'Orléans vous pourrez le trouver.   700
Car il a pour demain l'intention de s'y rendre.
Là dessus en riant il voulut congé prendre.

CHARLES.

Dans notre parlement il n'est donc pas de voix
Qui veuille s'élever pour défendre mes droits.

LA HIRE.

Des sujets forcenés trahirent votre cause,
Quand de ce parlement la réunion fut close.
Ils vous chassent du trône avec vos descendants.

DUNOIS.

Quelle coupable audace aux bourgeois triomphants !

CHARLES.

N'avez-vous rien tenté sur le cœur de ma mère ?

LA HIRE.

Auprès de votre mère ?

CHARLES.

Est-elle à l'ordinaire ?   710

LA HIRE (*après quelques moments de réflexion*).

J'entrais à Saint-Denis, quand au même moment
On faisait fête au roi pour son couronnement.
Paris manifestait une grande allégresse,

3

Comme si d'un triomphe il eut senti l'ivresse.
Dans chaque rue était un arc des plus pompeux
Que l'Anglais traversait le visage radieux.
Partout on ne foulait que fleurs et que feuillage.
Des cris étaient poussés par des gens de tout âge.
A voir le peuple aller au-devant des Anglais
On eut dit pour la France un superbe succès.　　　720

SOREL.

Hélas ! Les cris joyeux de ce peuple en délire,
Pour le vrai souverain étaient un dur martyre !

LA HIRE.

Et qu'elle ne fut pas ma surprise de voir
Le jeune Henri Lancastre ensuite aller s'asseoir
Sur le trône où Saint-Louis illustra notre France.
Je vis aussi debout à très faible distance
Bedford et Glocester, ses oncles orgueilleux,
Et le duc de Bourgogne à genoux devant eux,
Prêtant aux pieds du roi serment d'obéissance
Pour les nombreux pays qui sont sous sa puissance.　730

CHARLES.

Oh ! lâche pair de France ! Oh ! l'indigne cousin !

LA HIRE.

On vit craindre et trembler le jeune souverain,
Quand il voulut gravir les degrés de son trône.
Le peuple de Paris qui partout l'environne,
Laisse échapper ces mots : « Cela va s'arrêter ! »
De rire, en même temps, se permet d'éclater.
Alors se dirigeant vers lui, la vieille reine...
Pour aller plus avant j'éprouve quelque peine.

CHARLES.

Eh ! bien ?

LA HIRE.

Entre ses bras sans peur saisit l'enfant
Le plaça sur le trône où l'on vit si souvent   710
S'asseoir et son époux et votre illustre père.

CHARLES.

Oh ! mère, est-ce possible ! Oh ! la coupable mère !

LA HIRE.

A ce spectacle affreux les cruels Bourguignons,
Trop souvent les auteurs d'indignes trahisons,
Sentirent dans leur âme une honte profonde.
Elle s'en aperçoit. Sa haine se débonde.
Et s'adressant au peuple alors tout plein d'émoi,
Elle lui dit bien haut : « Français, remerciez-moi !
Je viens de remplacer une race débile,
Un fils, le digne fruit de son père imbécile,   750
Par une race illustre, un noble rejeton ! »
        (Le roi se voile la face, Agnès s'approche de lui et le
          prend dans ses bras. Tous ceux qui l'entourent
          manifestent leur horreur et leur mépris).

DUNOIS.

Oh ! la louve en fureur ! Mégère sans raison !

CHARLES (après une pause, s'adressant aux députés
          d'Orléans).

Vous voyez à quel point mon état est précaire !
Ici donc maintenant vous n'avez rien à faire.
Vous n'avez qu'à rentrer sitôt que vous pourrez
Dans ma cité fidèle. Alors vous lui direz
Que le roi lui remet son antique parole.
Ensuite, elle pourra sans avilir son rôle
Se rendre elle et ses biens au maître Bourguignon.
Il vous recevra bien ! il se nomme le Bon !   760

DUNOIS.

Quoi ? Vous abandonnez cette ville énergique ?

LE DÉPUTÉ D'ORLÉANS (*se jette de nouveau aux genoux du roi*).

Oh ! Mon seigneur et roi ! Dans ce moment critique
N' écartez pas de nous votre puissante main.
Ne laissez pas tomber sous un joug inhumain
Votre cité fidèle, une pierre précieuse
De votre diadème, et qui se montre heureuse
De son long dévouement à vos nobles aïeux !

DUNOIS.

Sommes-nous écrasés par l'anglais victorieux ?
Allons-nous fuir encor troupe désespérée
Pour sauver Orléans sans tirer notre épée ?   770
Pensez-vous qu'un seul mot aujourd'hui suffira,
Que sans verser du sang, bientôt chacun verra
Cette illustre cité renoncer à la France ?

CHARLES.

Assez de sang versé sans aucune espérance.
Sur moi le ciel a bien appesanti sa main.
Car dans chaque combat nous perdons du terrain.
Mon parlement préfère une race étrangère.
Paris même joyeux reçoit mon adversaire.
Pour comble de malheur mes plus proches parents
Me trahissent encor plus que les parlements.   780
Ma propre mère hélas ! presse sur sa poitrine
Le neveu de Bedford !... Je veux qu'on s'achemine
Au delà de la Loire, et que tous les Français
S'abaissent devant Dieu qui soutient les Anglais.

SOREL.

Le Seigneur ne veut pas que mon roi désespère,
Qu'il aille délaisser une nation si fière.
Ce mot n'est pas sorti de votre noble cœur.
S'il se trouve aujourd'hui brisé par la douleur
La cause en est à la mère dénaturée

Qui pour son acte odieux est de tous abhorrée.   790
Revenez promptement à votre naturel,
Déjouez en héros tout un plan criminel.
Résistez sans faiblir à ce destin contraire !

CHARLES. (*plongé dans de sombres pensées*).

Eh ! Comment voulez-vous qu'en ce moment j'espère ?
Dites ! N'est-il pas vrai qu'un sort des plus affreux
Poursuit tous les Valois ! Dieu se retire d'eux.
Ma maison est en proie aux fureurs de ma mère
Et vingt ans la folie a possédé mon père.
La mort a moissonné trois frères avant moi.
C'est un décret du ciel ! Vous n'aurez plus de roi   800
Enfants de Charles six. Car tous vont disparaître.

SOREL.

Au contraire ! Par vous sa tige va renaître !
Armez-vous de vigueur ! Ne désespérez pas.
Car un sort bienveillant vous sauva du trépas.
Et le plus jeune seul de tous vos autres frères
Vous choisit pour un rang que vous n'attendiez guère.
Il a su discerner dans un cœur généreux
Ce qu'il faut pour guérir un peuple malheureux.
Vous éteindrez les feux de la guerre civile.
C'est mon cœur qui le dit. Et la France docile
Acceptant de son roi la paix et le bonheur,   810
Vous serez de ce trône un nouveau fondateur !

CHARLES.

Ce ne sera pas moi ! Ces troubles politiques
Veulent pour ce pays des chefs plus énergiques.
Un peuple obéissant m'eut sans doute accepté.
Mais je ne puis soumettre un peuple révolté.
Car pour moi ce serait tentative bien vaine
Que de vouloir des cœurs qu'a séparés la haine.

SOREL.

Le peuple est aveuglé par une étrange erreur.
Mais bientôt ce délire aura quitté son cœur.   820
Oui ! Le temps n'est pas loin où le vrai roi de France
Verra de ses sujets l'antique obéissance,
Et l'amour envers lui se montrer de nouveau,
Bien qu'il sommeille encor comme dans un tombeau.
Les haines d'autrefois, d'anciennes jalousies
Sépareront toujours deux nations ennemies.
Et son bonheur perdra un vainqueur insolent.
Gardez-vous devant lui d'aller fuir tout tremblant.
Livrez à l'ennemi de nombreuses batailles.
Disputez le terrain. Que les fortes murailles   830
De la noble cité soient, comme votre cœur,
A l'abri des assauts d'un féroce vainqueur.
Il faut que sous les eaux tous les chars disparaissent.
Que les flammes aussi contre les ponts se dressent.
Dans ce coin de pays souillé par les Anglais
La Loire doit servir de borne à leurs excès !

CHARLES.

J'ai fait ce que j'ai pu ! Dans l'intérêt du trône
J'ai bravé le danger qui toujours environne
Un combat singulier. Mais on l'a refusé !
Le sang de mes sujets vainement j'ai versé.   840
Que de villes déjà j'ai vu réduire en cendre !
Eh ! Quoi ? Mère sans cœur dois-je donc condescendre
A laisser par le fer mon enfant partager ?
Non ! Qu'il vive ! Je veux plutôt y renoncer !

DUNOIS.

Comment ? Est-ce d'un roi l'énergique parole ?
Pouvez-vous abdiquer sans avilir son rôle ?
Les meilleurs des sujets exposent chaque jour
Et leur sang et leurs biens par haine ou par amour.

Un travail important cesse comme inutile,
Quand paraît le signal de la guerre civile.   850
Le laboureur suspend la charrue à l'instant,
La femme son fuseau, le vieillard et l'enfant
Saisissent une épée ! Et le triste incendie
Est l'arme du bourgeois pour servir la patrie.
L'homme des champs aussi brûlera tous ses blés
Pour montrer les désirs dans son cœur renfermés.
Il ne ménage rien ! A tout il sait s'attendre
Quand il veut pour l'honneur quelque chose entreprendre
Ou s'apprête à lutter pour défendre sa foi.
Cette compassion quittez donc, ô mon roi !   860
Digne d'un souverain elle ne saurait être !
Comme elle a commencé, laissez donc disparaître
Cette guerre engagée au moins sans réflexion.
Vous n'en êtes pas cause ! Il faut qu'une nation
Combatte pour le chef dont elle est assistée.
Telle est la grande loi par le monde acceptée.
Français, nous ne pouvons qu'avoir ces sentiments.
Un peuple quel qu'il soit ne peut durer longtemps
Quand il n'expose pas par crainte d'infamie
Ce qu'il a de plus cher et ses biens et sa vie !   870

    CHARLES *(aux envoyés d'Orléans)*.

Gardez-vous bien d'attendre autre chose de moi.
C'est Dieu qui vous délaisse et non pas votre roi.

    DUNOIS.

Le Dieu de la victoire ainsi vous abandonne,
Et vous, vous déposez votre antique couronne.
C'est vous qui vous perdez. Aussi je vais partir.
L'accord des ennemis étant près de finir,
Votre désespoir seul perd votre diadème.
Si nos rois sont héros par leur naissance même,
Vous n'êtes plus pour nous qu'un roi peu belliqueux,
Dégénéré du sang de vos nobles aïeux.   880

(Aux députés d'Orléans).

Le roi vous abandonne ! En moi comptez un aide !
Je cours vers Orléans avant qu'elle ne cède.
De mon père ce fut la très chère cité !
Je saurai la défendre ou j'y serai tué !

(Il veut s'en aller ! Agnès Sorel le retient).

SOREL *(au roi).*

Ah ! Ne permettez pas qu'il s'éloigne en colère !
Si de sa bouche sort quelque parole amère,
Il possède un cœur d'or qui vous aime ardemment
Et pour vous bien des fois a saigné largement.
Avouez, cher Dunois, qu'une colère ardente
Vous emporte trop loin ! L'invective violente
Est par vous prodiguée à ce roi votre ami.
De vous calmer par moi c'est un devoir rempli
Avant qu'un courroux fier, pernicieux, inflexible
Ne se soit emparé de votre cœur sensible !

(Dunois fixe le roi et semble attendre une réponse)

CHARLES *(à Duchâtel).*

Au-delà de la Loire allons nous abriter !
Mes bagages par eau faites-y transporter !

DUNOIS *(aussitôt à Sorel).*

Portez-vous bien !

(Il se lève et s'en va. Les députés d'Orléans le suivent).

SOREL *(se tord les mains de désespoir).*

S'il part, c'est notre heure dernière !
La Hire, suivez-le ! Apaisez sa colère !

(La Hire sort).

SCÈNE SIXIÈME.

Le roi ordonne à Duchâtel d'organiser la retraite de son armée au-delà de la Loire. — Touchante abnégation de ce capitaine.

CHARLES, SOREL, DUCHATEL.

CHARLES.

La couronne, est-ce donc un bien d'un si grand prix
Que d'en être privé l'on sente des soucis ?   900
Pour moi, c'est à porter un objet difficile.
Au dernier des bourrus se montrer très docile,
Ne subsister que grâce aux vassaux orgueilleux,
C'est pour un noble cœur plus dur plus rigoureux
Que de se voir brisé des coups de la fortune !

(*A Duchâtel qui hésite encore*).

Faites ce que j'ai dit bien qu'on vous importune.

DUCHATEL (*se jette à ses genoux*).

O mon roi !

CHARLES.

Maintenant tout est bien décidé,
Et quoique vous disiez, rien ne sera changé.

DUCHATAL.

Décidez à traiter le fier duc de Bourgogne.
C'est l'unique moyen de vaincre sans vergogne.   910

CHARLES.

C'est là votre conseil ? C'est avec votre sang
Qu'on signera la paix que vous désirez tant ?

DUCHATEL.

Sire, voici ma tête ! Elle fut exposée
Pour vous dans les combats ! Elle sera livrée
Encore à l'échafaud pour délivrer mon roi.

Apaisez donc le duc, et disposez de moi
Pour qu'il puisse assouvir une ardente colère.
Puisse mon sang calmer une douleur amère !

CHARLES (*reste quelques instants immobile et
silencieux*).

En vérité mon trône est-il si compromis
Que tous mes conseillers et mes meilleurs amis   920
Ne voient d'autres moyens d'avoir ma délivrance
Que dans ce que je crois la honte de la France.
Oui ! Je sens à présent ma trop coupable erreur
D'avoir eu confiance en ce qu'on nomme honneur.

DUCHATEL.

Sire, réfléchissez !

CHARLES.

Silence, je vous prie !
Et n'allez plus troubler ma trop pénible vie !
Perdrais-je dix Etats comme celui que j'ai,
Non ! Jamais des amis je ne sacrifierai.
Allez exécuter ce que je viens de dire.
Que tout le matériel sur vaisseaux se retire.   930

DUCHATEL.

Ce sera bientôt fait !

(*Il se lève et sort. Agnès Sorel pleure à chaudes
larmes*).

SCÈNE SEPTIÈME.

Charles essaie en vain de consoler la douleur patrioti-
que d'Agnès.

CHARLES ET AGNÈS SOREL.

CHARLES (*lui prenant la main*).

Agnès ! Trêve aux soucis !
Au delà de la Loire est un riche pays.

C'est bien la France encor ! Terre plus fortunée,
Son climat est très doux durant toute l'année.
Là jamais comme ici l'on ne voit de brouillards,
Et l'air qu'on y respire est pur de toutes parts.
Les habitants sont bons Les chants flattent l'oreille.
De même que l'amour, là tout n'est que merveille.

SOREL.

Pourquoi suis-je témoin de ce jour douloureux
Où mon cher souverain s'exile en d'autres lieux.   940
Où le fils va quitter le palais de son père
Et le palais qui vit son enfance prospère.
Oh ! délicieux séjour ! Nous allons le quitter !
Des hôtes affligés tu ne peux plus charmer !

SCÈNE HUITIÈME.

On apprend une victoire de l'armée Française. La Hire
est de retour.

CHARLES ET SOREL.

SOREL.

Vous revenez tout seul ? Dunois reste inflexible ?
                    (Elle se rapproche).
La Hire, qu'est-ce donc ? Votre regard terrible
Dit-il que le Français est encore défait ?

LA HIRE.

Les malheurs sont finis. Le soleil reparaît.

SOREL.

Qu'est-ce ? Dites-le moi !

LA HIRE (au roi).

                    Sire, que l'on commande
Aux députés : rentrez !

CHARLES.

Pourquoi cette demande ? 950

LA HIRE.

Faites les tous rentrer ! La fortune a changé.
Dans un récent combat vous avez triomphé !

SOREL.

Nous sommes victorieux ? Oh ! la douce parole !

CHARLES.

Vous inventez pour nous une histoire frivole.
Car je ne compte plus sur le moindre succès.

LA HIRE.

Bien plus fort vous aurez à croire désormais.
L'archevêque de Reims votre Dunois ramène.

SOREL.

Victoire ! Oh ! belle fleur ! Ta délicieuse haleine
Me force de te croire un fruit du Paradis
Puisses-tu par la paix nous rendre tous unis !   960

SCÈNE NEUVIÈME.

Récit de la première victoire remportée sous les auspices
de Jeanne d'Arc.

L'ARCHEVÊQUE DE REIMS, DUNOIS, DUCHATEL AVEC
RAOUL, UN CHEVALIER REVÊTU D'UNE CUIRASSE,
LES PRÉCÉDENTS.

**L'Archevêque conduit Dunois au Roi et leur met les mains
l'une dans l'autre.**

L'ARCHEVÊQUE.

Princes, embrassez-vous ! La rancune et la haine
Ne sont plus de saison ! Le ciel, cette semaine,
A notre égard veut bien se montrer plus clément.

(*Dunois embrasse le roi*).

CHARLES.

Eclaircissez mon doute et mon étonnement.
Que peut signifier ce qu'à présent vous faites ?
Comment donc a fini le temps de nos défaites.

L'ARCHEVÊQUE (*amène le chevalier et le place devant
le roi*).

Parlez ! Dites au roi comment avec succès
Vous avez fait s'enfuir les bataillons anglais.

RAOUL

Enfin, Sire, pour vous nous avions avec peine
Levé seize fanions d'enfants de la Lorraine.   970
Notre chef Baudicour était de Vaucouleurs.
Juste quand nous venions de gravir les hauteurs
Du bourg de Vermanton, allant vers la vallée
Que l'Yonne traverse, en la plaine éloignée,
De l'ennemi soudain, pour nous tous refroidir,
Les armes au soleil parurent resplendir.
Nous étions entourés de deux fortes armées,
Sans pouvoir espérer de les voir annulées
Par la force ou la fuite. En ce moment, chez nous,
Les plus brâves soldats voulaient se rendre tous.   980
Nos chefs délibéraient sans pouvoir rien connaître
Quand tout-à-coup surpris nous vîmes apparaître
Un merveilleux spectacle. « Au haut de la forêt
Se tenait une fille et portait un armet.
Divinité guerrière, à l'allure imposante,
Sa figure à la fois était belle, effrayante.
On voyait sur son cou de longs cheveux flotter.
Une clarté du ciel parut l'environner »,
Quand elle dit ces mots où perçait l'espérance :
« Comment hésitez-vous oh ! soldats de la France ?   990
Attaquez l'ennemi serait-il plus nombreux
Qu'aux bords de l'Océan les amas sablonneux.
Le Seigneur et sa mère aujourd'hui vous conduisent

Aussitôt nous voyons que ses deux mains saisissent
L'étendard que déjà l'un d'entre nous portait.
Et la fille intrépide en avant se jetait,
Ayant dans sa démarche une noble assurance.
Quant à nous étonnés de cette contenance,
Nous suivons tous charmés notre cher étendard,
Attaquant l'ennemi sans le moindre retard.   1000
Celui-ci consterné demeurait immobile,
Regardant ce prodige étonnant entre mille
Qui juste en ce moment venait frapper ses yeux.
Mais saisi d'un effroi comme envoyé des cieux,
Il fuit bientôt laissant la campagne jonchée
D'armes de toute espèce, et sa troupe affolée
Nous paraît dans les champs partout se disperser.
Aucun ordre des chefs ne peut la rallier.
Tout se jette dans l'eau sans faire résistance.
Ce n'est plus un combat, c'est un carnage immense.   1010
Le sol était jonché de deux mille ennemis,
Sans compter ceux que l'Yonne avait ensevelis.
Et pas un d'entre nous manquait à la phalange !

CHARLES.

C'est étrange, vraiment ! Merveilleux ! bien étrange.

SOREL.

Et de ce grand prodige une fille est l'auteur !
Où sont donc les parents dont elle fait l'honneur ?

RAOUL.

Quel que soit le hameau témoin de sa naissance
Elle veut de son roi solliciter l'audience.
Prophétesse que Dieu daigna nous envoyer,
Sans que la lune change elle fera lever   1020
Le siège d'Orléans. Se confiant en elle
Tout le peuple au combat lui restera fidèle.
Elle suit vos soldats. Bientôt vous la verrez !

(*On entend le son des cloches et le cliquetis des armes
frappant les unes contre les autres*).

On accourt de partout. C'est le peuple. Entendez.
Les cloches nous envoient leur joyeuse volée.
Le peuple du Seigneur acclame l'envoyée !

CHARLES (à *Duchâtel*).

Sans doute que ces gens veulent la suivre ici.

(*A l'Archevêque*).

Que dois-je, Monseigneur, penser de tout ceci ?
Une fille aujourd'hui me donne la victoire
Quand je ne puis qu'au ciel en rapporter la gloire.   1030
Tout cela, ce me semble, est hors du naturel.
Ne dois-je pas y voir le bras de l'Eternel ?

(*Beaucoup de voix dans l'intérieur de la scène*).

A la libératrice, honneur tous doivent rendre !

CHARLES.

Elle arrive !

(*A Dunois*).

Dunois ! Ma place veuillez prendre !
Je veux en ce moment ce prodige éprouver.
Celle qui vient du ciel saura bien me trouver.

(*Dunois s'assied, le roi se tient debout à sa droite,
Agnès Sorel à son côté.*

*L'Archevêque de Reims et les autres assistent en face,
Le milieu de la scène reste libre*).

SCÈNE DIXIÈME.

Jeanne amenée devant le roi, lui expose sa mission, et lui indique la conduite qu'il doit suivre.

LES PRÉCÉDENTS, JEANNE *accompagnée des députés d'Orléans et de plusieurs chevaliers qui remplissent le vide de la scène, se place devant, gardant une tenue modeste et salue tous les assistants.*

DUNOIS (*après quelques instants d'un silence solennel*)·

C'est vous qui du Seigneur êtes la providence ?

JEANNE (*l'interrompt et le regarde fièrement et
sans hésiter*).

Vous bâtard d'Orléans, vous tentez sa puissance !
Descendez de ce trône ! Un autre l'a déjà !
Et c'est vers celui-là que le ciel m'envoya !   1040
> *Elle se dirige d'un pas décidé vers le roi, fléchit le
> genou devant lui, se relève bientôt et recule Tous
> les assistants manifestent leur étonnement. Dunois
> quitte sa place et se met à côté du roi).*

CHARLES.

Pour la première fois vous voyez mon visage.
Et d'où peut donc venir cette science à votre âge ?

JEANNE.

Aux lieux où vous étiez personne ne vous vit
Le Seigneur excepté !
> (*Elle s'approche du roi et lui parle d'une manière
> confidentielle*).
>   Dans la dernière nuit,
Pendant qu'autour de vous tout le monde sommeille
Je vous vis vous tout seul que le chagrin éveille,
Une ardente prière alors faisant à Dieu.
Si vous le permettez, je dirai votre vœu.

CHARLES.

Il n'est là je crois rien qui ne puisse paraître.
L'objet de ma demande en me faisant connaître   1050
Vous me forcez de croire en effet que le ciel
Vous envoya pour vaincre un ennemi cruel.

JEANNE.

Trois demandes étaient dans l'ardente prière.
Dites-moi bien Dauphin si je les énumère.
Et d'abord, ce me semble au ciel vous demandiez
Si des biens mal acquis chez vous vous possédiez
Depuis que vos aïeux régnaient sur notre France.

Ou qu'on n'eut du Très-Haut imploré la clémence
Pour quelque faute grave, au moins que le Seigneur
Voulut de ces combats faire cesser l'horreur,   1060
S'émouvoir de pitié pour la France attristée,
Et satisfaire en vous sa justice irritée !

CHARLES (*recule d'effroi*).

Puissante intelligence enfin dévoilez-vous.
Le lieu d'où vous sortez dites-nous donc à tous,
Afin que tous ici nous puissions alors rendre
Les grands honneurs auxquels vous pouvez bien prétendre.

(*Marques générales d'étonnement*).

JEANNE.

Sire, ensuite au Seigneur vous avez demandé
Que, si du ciel c'était la ferme volonté
De voir à tout jamais de chez vous disparaître
Le trône et tous les biens dont vous êtes le maître,   1070
Qu'il voulût vous laisser au moins ce triple bien :
« Au milieu des revers toujours l'esprit serein,
Un ami dévoué qui jamais n'abandonne
Celui qu'un sort cruel précipita du trône,
Enfin qu'il vous gardât le cœur de votre Agnès ! »

(*Le roi se cache le visage et pleure à chaudes larmes.
Tous les assistants donnent des marques d'un profond étonnement. Après une pause.*)

Dois-je à présent nommer les différents objets
De votre dernier vœu ?

CHARLES

Ce n'est pas nécessaire.
Ce que vous avez dit n'est pas d'une bergère.
Le Très-Haut seulement a pu vous envoyer.

4

L'ARCHEVÊQUE DE REIMS.

Oh ! Sainte fille ! Enfin, veuillez bien vous nommer. 1080
Où donc est le pays qui chez nous vous vit naître.
Et quels heureux parents ont pu vous donner l'être ?

JEANNE

Mon véritable nom est Jeanne, Monseigneur,
Et je reçus le jour d'un très pauvre pasteur.
Je suis de Domrémy, de nation française,
Et qui dépend de Toul en tant que diocèse.
J'ai gardé les troupeaux depuis mes premiers ans.
Pendant que je gardais, chez moi beaucoup de gens
Me parlaient des anglais, ces odieux insulaires
Qui débarquant chez nous montés sur leurs galères 1090
Veulent nous enchaîner, nous imposer un roi
Auquel aucun français ne donnera sa foi.
Ils sont entrés déjà dans notre capitale.
Presque tout le pays subit leur loi fatale.
Alors j'ai supplié la mère de mon Dieu
De vouloir éviter les chaînes à ce lieu,
Et pour nous gouverner de prendre un roi de France.
En avant du village où je reçus naissance,
De la mère de Dieu se trouvait un tableau
Où se rendaient en foule et pasteur et troupeau 1100
De temps immémorial. Un chêne très antique
S'élevait à côté de la chère relique.
Pour les faveurs du ciel il était renommé.
Sous cet arbre en gardant j'ai souvent reposé.
Et, je dois l'avouer, j'éprouvais dans mon être
Une secrète joie à venir faire paître.
Lorsque sur la montagne échappait un agneau,
La bergère en songeant le voyait de nouveau
Quand elle allait dormir à l'ombre de ce chêne.
Sous cet arbre la nuit j'avais prié sans peine, 1110
Un indigne sommeil heureuse de chasser,

Quand la sainte vers moi me parut s'abaisser
Tenant un étendard, une brillante épée.
Comme moi pour le reste elle était habillée.
Avec un tel costume, alors je l'entendis
Me dire : « Lève toi ! Laisse là tes brebis.
Dieu veut te confier une importante affaire.
Prends avec l'étendard ce glaive tutélaire.
Sers-t'en pour terrasser les ennemis d'effroi.
Fils de tes souverains conduis à Reims le roi.   1120
Place lui sur le front la couronne royale ! »
Mais je lui répondis : « La mission colossale
Que vous me confiez de chasser les Anglais
Je ne sens pas le cœur de la remplir jamais.
Je n'ai pas étudié pour guider aux batailles. »
Elle me répliqua : « Même sur des murailles
Une fille son Dieu peut toujours remplacer,
Quand l'affection humaine elle sait mépriser.
Et moi, n'étais-je pas comme toi, simple fille,
Quad j'offris à mon Dieu dans mon sein un asile.   1130
Je partage aujourd'hui son pouvoir surhumain. »
Levant alors les yeux vers le séjour divin
Je vis de toutes parts des multitudes d'anges
Qui tenaient des lis blancs et formaient des phalanges.
Les plus suaves chants venaient ravir mon cœur.
Ainsi, durant trois nuits, la mère du Sauveur
Se présentait à moi, me répétant sans cesse :
« Lève-toi Jeanne ! Dieu réserve ta jeunesse
Pour bien d'autres soucis ! » A la troisième fois,
Elle parut avoir le courroux dans la voix,   1140
Et me dit : « De la femme ici l'obéissance
Est le premier devoir. Son lot est la souffrance
C'est par là seulement que distinguée un jour
Elle sera reçue au céleste séjour ! »
Ayant alors quitté l'apparence première,
Et dépouillant la robe aux yeux de la bergère,

Elle parut soudain comme reine du ciel !
On la voyait briller de l'éclat du soleil.
Des nuages dorés entouraient la madone
Qui monta lentement vers son glorieux trône. »　　1150

*(Tous restent en extase. Agnès Sorel pleure à chaudes
larmes et cache son visage sur la poitrine du roi).*

L'ARCHEVÊQUE DE REIMS *(après quelques instants
de silence).*

Quand ainsi Dieu nous veut de son bras assister,
Déplorables humains pourrions nous bien douter ?
De ce que nous cherchons la preuve paraît claire
Dieu seul est bien l'auteur des faits de la bergère.

DUNOIS.

Pour moi, je me rends moins à ces faits éclatants
Que je ne suis touché de ses airs innocents !

CHARLES.

Méritais-je, pécheur, qu'un Dieu voulut m'entendre.
Oh ! Vous dont le regard en tous lieux va s'étendre,
Vous connaissez mon âme et mon humilité !

JEANNE.

L'humilité qui règne à la sainte cité　　　　　　1160
A vu vos sentiments. Elle vous rend la gloire.

CHARLES.

Ah ! Veuille le Seigneur m'accorder la victoire.

JEANNE.

La France est à vos pieds. Elle veut triompher !

CHARLES.

Orléans, dites-vous, ne peut nous échapper !

JEANNE.

Plutôt remonterait le fleuve de la Loire.

CHARLES.

Entrerai-je dans Reims par un succès notoire ?

JEANNE.

Je veux vous y mener sur des monceaux d'Anglais.

(*Tous les chevaliers font du bruit avec leurs lances
et leurs boucliers, et donnent des signes de leur
courage*).

DUNOIS.

Sire ! Placez donc Jeanne en tête des Français !
Je le jure, oui tous, d'une âme noble et fière
Nous irons où voudra l'intrépide bergère.   1170
Si la science d'En-Haut vient diriger ses pas,
Mon glaive que voici protègera son bras !

LA HIRE.

Qui de nous désormais fuirait devant l'orage
Ayant dans Jeanne un chef qui montre un tel courage.
Le Dieu de la victoire étant à son côté,
Que Jeanne nous conduise au combat désiré !

CHARLES.

Jeanne ! Oui ! je le veux ! Conduisez mon armée !
Les chefs reconnaîtront la céleste envoyée.
Le connétable un jour ce glaive nous laissa
Dans un moment d'humeur. En vous il trouvera,   1180
Un bras pour s'en servir à l'honneur de la France.
Prenez-le, sainte fille, et que sans résistance !...

JEANNE.

N'agissons pas ainsi mon auguste Dauphin !
Non ! Ce ne sera pas avec ce glaive humain
Que je pourrai donner la victoire à mon maître.
Un autre fer, je sais, la fera reparaître.
Tel que l'esprit a dit je veux vous l'indiquer,
Et vous sans plus tarder envoyez-le chercher.

CHARLES.

Jeanne, parlez !

JEANNE.

      Qu'on aille à Fierboys, ville antique.
De Sainte Catherine un cimetière unique   1190
Y renferme une voûte où dans le temps passé
Pour un arc triomphal du fer fut entassé.
Sous cet amas de fer vous trouverez l'épée.
Par trois fleurs de lis d'or elle est très bien marquée
Tout le long de la lame. Allez avec ardeur.
C'est ce glaive, en effet, qui vous rendra vainqueur.

CHARLES.

Allez, et qu'il soit fait comme dit la bergère.

JEANNE.

Qu'on me fasse apporter une blanche bannière !
Qu'on y voie un ourlet de pourpre l'entourer.
Que la reine du ciel on y fasse graver   1200
Et Jésus dont le pied repose sur le monde
Que tira du néant sa parole féconde.

CHARLES.

Il sera fait ainsi.

JEANNE (à l'Archevêque de Reims)
      Mon révérend Seigneur !
Sur ma tête étendez les mains avec ferveur !
Et vos bénédictions faites-y bien descendre !
      (Elle se met à genoux).

L'ARCHEVÊQUE DE REIMS.

Des bénédictions ? Vous venez en répandre
Et non recevoir ! Allez ! Dieu vous soutient.
De nous pauvres pécheurs rien de bon ne vous vient,
      (Elle se lève).

UN ÉCUYER (*au roi*).

Un héraut des Anglais à vous parler demande.

JEANNE.

Le Seigneur nous l'envoie ! Ordonnèz qu'il descende ! 1210
(*Le roi fait signe à l'écuyer qui sort*).

SCÈNE ONZIÈME.

Jeanne répond au nom du roi au héraut Anglais qui
vient offrir la paix.

LE HÉRAUT ET LES PRÉCÉDENTS.

CHARLES.

Veuillez dire, héraut, quelle est votre mission ?

LE HÉRAUT.

Quel est celui de vous qui peut répondre au nom
De Charles de Valois ? Je lui porte un message.

DUNOIS.

Ah ! l'indigne héraut ! Ah ! le valet peu sage !
Quoi ? Tu viens outrager le vrai roi des Français
Devant ses officiers, dans son propre palais ?
Il ne sera pas dit qu'en cette circonstance
Personne n'a puni ton étrange insolence !
Mets-toi de suite en garde, ou bien c'est fait de toi ?

LE HÉRAUT.

La France ne connaît en ce moment qu'un roi !   1220
Et ce roi des Anglais a reçu l'héritage.

CHARLES.

Calmez-vous mon cousin ! Héraut, votre message.

LE HÉRAUT.

Le général en chef extrêmement peiné
De voir que chaque jour tant de sang est versé,   !
Tient encore au fourreau son redoutable glaive.

Avant que d'Orléans la ville il vous enlève
Il vient vous proposer de lui-même la paix.

CHARLES.

Ecoutez.

JEANNE (*interrompant*).

Ah ! Dauphin ! Souffrez qu'à cet Anglais
Je parle, en ce moment, et prenne votre place ?

CHARLES.

Pour la guerre ou la paix, par vous que tout se fasse ! 1230

JEANNE (*au héraut*).

Pour qui nous parlez-vous ? Qui vous envoie ici ?

LE HÉRAUT.

Le général Anglais, comte Salisbury.

JEANNE.

Héraut ! Vous vous trompez ! Ce n'est pas son message.
Car les morts ici-bas n'ont plus aucun langage.

LE HÉRAUT.

Mais le général vit. Il est plein de santé.
Par lui chacun de vous se verra dispersé !

JEANNE.

Vivant, il put de vous faire un parlementaire.
Ce matin, un boulet l'a renversé par terre
Quand du fort des Tournelle, il épiait Orléans.
Vous riez au récit de lointains accidents.   1240
Croyez donc à vos yeux sinon à mes paroles.
Bientôt vous connaîtrez si ces mots sont frivoles
En rencontrant son corps quand vous irez chez lui.
Maintenant, dites-nous ce qui vous mène ici ?

LE HÉRAUT.

Puisque vous connaissez des choses si cólées,
Celles de ma mission vous sont bien dévoilées !

JEANNE.

Qu'ais-je, dans ce moment, besoin de les savoir.
Quant à vous sans tarder vous allez recevoir
Et toute ma pensée et celle de mon maître.
Veuillez à qui de droit aussitôt les transmettre :   1250
« Roi d'Angleterre et ducs de Gloster, de Bedford
Qui tenez dans vos mains notre effroyable sort,
Au monarque du ciel compte vous devez rendre
Pour tout le sang qu'ici vous osâtes répandre.
Sachez que nous voulons recouvrer sans délais
Les villes où vainqueurs sont entrés les Anglais.
Au nom du roi du ciel aujourd'hui la Pucelle
Vient vous offrir la paix ou la guerre cruelle.
Choisissez ! Car de vous il n'est pas ignoré
Que notre beau pays ne vous fut pas livré   1260
Par le fils de Marie ! Et Charles au contraire
Mon maître et mon Dauphin, le vrai propriétaire
Créé par le Seigneur, entrera dans Paris
En souverain suivi des grands de son pays.
Et maintenant, héraut, rejoignez votre armée.
Vous n'aurez pas remis à l'armée alliée
Notre présent avis, qu'aux remparts d'Orléans,
Jeanne fera flotter ses drapeaux triomphants !

     (*Elle sort. Tout est en mouvement. La toile tombe*).

ACTE SECOND

Paysage entouré de Rochers.

SCÈNE PREMIÈRE.

Le duc de Bourgogne, insulté par les chefs Anglais,
veut se séparer de ses alliés.

TALBOT et LIONEL, généraux Anglais. — PHILIPPE, duc de
Bourgogne. — Les chevaliers FASTOLF et CHATILLON avec
des soldats et des fanions.

TALBOT.

Ici, sous ces rochers, halte nous devons faire
Pour donner aux soldats le temps de se refaire !   1270
Peut-être en attendant viendront se rassembler
Les fuyards que la peur un moment put troubler !
Qu'on veille ! A ces hauteurs placez des sentinelles.
La nuit met à l'abri des poursuites cruelles.
Et si nos ennemis des ailes n'ont pas pris,
Je ne crains nullement d'être par eux surpris.
Cependant nous avons besoin de vigilance.
Les Français aux vaincus montrent de l'insolence.
    (Le chevalier Fastolf part avec des soldats).

LIONEL.

Vaincus !.. Mon général, veuillez n'en plus parler.
Car, je me sens rougir rien que de rappeler   1280
Qu'en France on ait vu fuir les soldats d'Angleterre.
Orléans ! Ah ! tombeau de sa gloire guerrière !
Dans ta plaine a sombré l'honneur du nom anglais.
Le ridicule ajoute au vil de l'insuccès !
Et qui dans l'avenir pourra jamais y croire ?

Azincourt et Poitiers, Crécy, jours de victoire
Par une simple fille aujourd'hui surpassés !

LE DUC DE BOURGOGNE.

Au moins ! cela devrait nous trouver consolés
De ne pouvoir à l'homme imputer la retraite.
Du diable seulement nous vient notre défaite.　　　　1290

TALBOT.

Eh ! Quoi ? Notre déroute il faut l'attribuer
A quelque esprit mauvais ? Aurait-on pu penser
Que le duc de Bourgogne ainsi que le vulgaire
S'abaissât jusqu'à croire à l'être imaginaire ?
Cette superstition pour votre lâcheté
Est une fausse excuse. En effet, culbuté,
Votre corps fut saisi d'une peur lamentable.

LE DUC DE BOURGOGNE.

Aucun n'a résisté ! La peur fut effroyable !

TALBOT.

Non ! Monseigneur ! La peur à commencé par vous.
En effet, vous criiez en arrivant sur nous :　　　　1300
« L'enfer s'est soulevé ! Satan est pour la France. »
Tout le trouble est venu de votre défaillance.

LIONEL.

Vous ne pouvez nier ! Vous avez commencé !

LE DUC DE BOURGOGNE.

Contre nous les premiers l'ennemi s'est lancé !

TALBOT.

La pucelle savait qu'en toute notre armée
La vôtre par la peur serait seule entamée.

LE DUC DE BOERGOGNE.

C'est à cause de nous que l'Anglais est battu ?

LIONEL.

Si par nous seuls le choc eut été soutenu,
Aujourd'hui d'Orléans l'Anglais serait le maître.

LE DUC DE BOURGOGNE.

Non ! Devant Orléans vous n'eussiez pu paraître.　　1310
Qui vous a donc ici préparé le chemin,
Sinon des alliés et la tête et la main
Quand vous êtes venus sur la terre étrangère ?
A qui doit votre Henri sa couronne si chère ?
Et qui donc lui gagna le cœur de vos Français ?
Non ! Il n'est pas douteux que vous autres Anglais
De notre bras puissant privés de l'assistance,
Jamais vous n'eussiez vu les toits de cette France.

LIONEL.

Si les faits par des mots pouvaient se remplacer
La France par vous seul eût bien pu s'abaisser.　　1320

LE DUC DE BOURGOGNE.

Vous êtes trop partial ! De la déroute entière,
Vous déchargez sur moi votre grande colère,
Sur moi votre allié. Pourquoi fuir Orléans
Où vous vouliez entrer en braves conquérants ?
La ville était à moi sur le point de se rendre.
Mais votre esprit jaloux m'empêcha de la prendre.

TALBOT.

Eh ! Qu'avons-nous donc fait qui pût vous empêcher ?

LE DUC DE BOURGOGNE.

C'est vous qui seuls au fond me faites reculer.

LIONEL.

Ce revers qu'Azincourt n'est pas pire sans doute
Où Français, Bourguignons furent mis en déroute.　　1330

LE DUC DE BOURGOGNE.

Ceci de notre union ne peut que provenir !
Il m'en coûte fort cher de vouloir soutenir.

TALBOT.

Nous avons bien payé la grande confiance
Que nous avions placée en vous pour l'assistance.

LE DUC DE BOURGOGNE.

Gardez-vous d'insister ! Car bien vite autrement
Les choses tourneraient à votre détriment.
De mon vrai souverain j'ai quitté la bannière,
De traître j'ai subi l'épithète grossière ;
Et n'est-ce pas toujours pour plaire à l'étranger
Que j'accepte un affront si dur à supporter   1340
Que fais-je parmi vous ennemis de la France ?
Si quelqu'un peut manquer à la reconnaissance.
C'est tout au plus je crois, mon propre souverain.

TALBOT.

Vous négociez, je sais, avec votre Dauphin.
Nous mettrons cependant à l'abri notre armée
De cette trahison en ce moment tramée.

LE DUC DE BOURGOGNE.

C'est la mort ! c'est l'enfer ! Je trame trahison.
C'est ainsi qu'on me traite. Ah ! C'est trop ! Chatillon
Donnez pour le départ tout ordre nécessaire.
Car nous allons revoir la Bourgogne si chère.   1350

(Chatillon sort).

LIONEL.

Bon voyage et santé ! Car jamais les Anglais
Ne purent obtenir de plus brillants succès
Qu'au jour où confiants dans leur vaillante épée,
Ils combattirent seuls sans armée alliée.
Soutenons seuls nos droits ! Jamais au même rang
Les Français aux Anglais ne mêleront leur sang.

SCÈNE SECONDE.

Isabeau réconcilie le duc de Bourgogne avec les Anglais
et est ensuite renvoyée avec mépris par tous les chefs.

LA reine ISABEAU accompagnée d'un PAGE et les PRÉCÉDENTS.

ISABEAU.

Oh ! Chefs ! Que dois-je entendre ? Ah ! Qu'on cesse de
Dans ce triste pays où tout change de face   [grâce !
Votre cervelle encor irait-elle faiblir ?
Dans ce moment fatal vous iriez vous haïr ?   1360
Quand l'accord entre vous est surtout nécessaire
Vous iriez seconder un terrible adversaire ?
Noble duc, je vous prie, ah ! Veuillez retirer
Un ordre si pressé ! Cherchez à modérer
Votre ami, vous Talbot qu'environne la gloire.
Puissè-je, grâce à vous remporter la victoire
O mon cher Lionel, sur ce cœur irrité,
Et le voir avec vous enfin réconcilié !

LIONEL.

Moi ? Je n'en ferai rien ! Car ici quoi qu'on dise
Je ne verrai jamais un sujet de surprise.
Je pense que plutôt de vivre sans accord   1370
Il vaudrait toujours mieux s'en aller tout d'abord.

ISABEAU.

Comment donc Lionel, la magie infernale
Qui pour nous dans l'action fut déjà si fatale
Nous poursuivrait encore en troublant notre union.
Qui donc de la discorde allume le brandon ?
Parlez ! (à Talbot) Vous oubliant ce qui vous intéresse
Feriez-vous en ce jour que l'alliance cesse ?
Et que pourriez-vous donc sans ce cœur valeureux ?
Votre roi lui doit bien son trône glorieux.   1380
Ce trône peut aussi grâce à son assistance,

Avoir longue durée, ou bien courte existence.
Sa troupe vous soutient, et plus encor son nom.
De toute l'Angleterre on verrait l'invasion
Impuissante à dompter le royaume de France
Si ce pays vivait en bonne intelligence.
Il n'est que des Français pour vaincre des Français.

TALBOT.

Un allié fidèle est cher au peuple Anglais !
Mais un faux allié est chassé par prudence.

LE DUC DE BOURGOGNE.

Quand on veut se soustraire à la reconnaissance   1390
On a toujours assez de toupet pour mentir.

ISABEAU.

Comment, mon noble Duc, vous pourriez donc trahir
Et votre honneur de prince et votre diadème.
Vous oublierez la mort de votre père même
En confiant vos droits à son vil assassin ?
Votre solide union devez-vous au Dauphin ?
L'arrêter dans sa ruine est-ce donc praticable ?
N'at-il pas pour vous perdre essayé l'incroyable ?
Ici sont vos amis ! Vos plus chers intérêts
Vous commandent d'avoir pour alliés les Anglais.   1400

LE DUC DE BOURGOGNE.

M'allier au Dauphin est loin de ma pensée.
Cependant, le mépris, l'arrogance insensée
De l'Anglais fanfaron, je ne puis supporter.

ISABEAU.

Pour un mot un peu vif, il vous faut patienter !
Des généraux Anglais la douleur très cruelle
Est cause sûrement de leur triste querelle.
Allons ! Allons ! bon duc ! Qu'en vos embrassements
Finisse un désaccord qui dure trop longtemps.

TALBOT.

Dites-moi, Bourguignon, n'est-il pas convenable
Que le cœur se soumette au parti raisonnable.   1410
Un mot fort à propos la reine a proféré.
Que nos bras l'un dans l'autre à ce cœur ulcéré
Aillent guérir le mal d'une prompte parole.

LE DUC DE BOURGOGNE.

Madame vient de dire un mot qui me console.
Si je me suis fâché, malgré moi je l'ai fait.

ISABEAU.

Eh ! bien ! Ce beau traité que vous avez refait
Doit recevoir de vous une ample garantie.
Oui ! Cette heureuse union de nouveau consentie
Par vos embrassements veuillez donc confirmer
Et puissent vos gros mots dans les airs s'envoler.   1420

(*Le duc de Bourgogne et Talbot s'embrassent*).

LIONEL (*se rapprochant du groupe*).

A cette paix, Messieurs, je souhaite la durée
Qu'une femme en fureur a si bien inspirée.

ISABEAU.

Généraux, un combat vient donc d'être perdu.
A l'armée un destin meilleur était bien dû.
Chacun de vous pourtant conserve sa constance,
Du ciel désespérant d'obtenir l'assistance
Le Dauphin de Satan requiert l'habileté.
Dans la damnation en vain il s'est jeté.
Il n'évitera pas la suprême infamie.
Une fille commande à l'armée ennemie.   1430
Je veux guider la vôtre, et dans ce grand duel
Etre à vous le génie envoyé par le ciel !

LIONEL.

Madame, retournez dans votre capitale.
Nous voulons triompher dans la guerre fatale
Avec une bonne arme !

TALBOT.

Oui ! sortez sur le champ !
Car tout va mal depuis que vous êtes au camp.
De nos drapeaux a fui la brillante victoire.

LE DUC DE BOURGOGNE.

Partez ! Vous nous nuisez ! avec vous point de gloire.

ISABEAU (*jetant sur eux des regards étonnés*).

Vous aussi, Bourguignon, vous ne m'épargnez pas,
Avec ces généraux envers moi bien ingrats.   1440

LE DUC DE BOURGOGNE.

Partez ! Car nos soldats ont perdu leur vaillance
Depuis qu'ils ont cru voir ici votre influence.

ISABEAU.

A peine ais-je entre vous cette paix rétabli
Que vous me préparez quelque mauvais parti.

TALBOT.

Allez ! Madame ! Allez ! Aucun mauvais génie
Ne sera craint par nous quand vous serez enfuie.

ISABEAU.

Nais-je donc pas été de vos plus sûrs soutiens ?
Vos plus chers intérêts ne sont-ils pas les miens ?

TALBOT.

Cela n'est pas exact ! Cette lutte effroyable
Eut pour chacun de nous un motif honorable.   1450

LE DUC DE BOURGOGNE.

Je venge pour ma part un père assassiné.
Je remplis un devoir et filial et sacré !

TALBOT.

Contre votre cousin en engageant la guerre
Vous n'avez contre vous ni le ciel ni la terre.

5

ISABEAU.

Ah ! Qu'il soit poursuivi par la malédiction
Pour avoir de sa mère outragé le grand nom.

LE DUC DE BOURGOGNE.

Il vengeait votre époux aussi bien que son père.

ISABEAU.

Pouvait-il s'établir le censeur de sa mère ?

LIONEL.

Cet acte n'était pas d'un fils respectueux.

ISABEAU.

Bien plus, il me frappa d'un exil rigoureux.   1460

TALBOT.

L'opinion de son peuple il ne faisait que suivre.

ISABEAU.

Que la malédiction vienne donc le poursuivre,
Avant que sur le trône il ne soit rétabli,
Avant que son royaume il n'ait bien affermi !

TALBOT.

Avant qu'il n'ait rendu son honneur à sa mère !

ISABEAU.

Vous ne voudriez pas lâche et vil caractère
Qu'aux affronts une mère allât s'accoutumer !
Qui me faisait du bien je sus toujours aimer.
Mais pour un ennemi j'eus toujours de la haine.
Et c'est mon propre fils qui cause ici ma peine.   1470
A qui j'ai donné l'être oui ! Je l'enlèverai
S'il méprise toujours le sein qui l'a porté !
Et vous qui contre lui venez faire la guerre,
Vous ne pouvez ravir son titre ni sa terre.
Vous n'en avez nul droit ! Pourquoi ce grand courroux.
A-t-il quelque devoir enfreint envers vous tous ?

Ce qui vous mène ici, c'est l'ambition vulgaire.
Moi je puis le haïr, comme je suis sa mère.

TALBOT.

Cette mère, je crois, a soif de se venger.

ISABEAU.

Toujours les gens de rien je sais les fustiger,   1480
Quand ils sont comme vous trop nombreux en ce monde.
Et pour ce vaste Etat que votre armée inonde,
Vous n'en avez nul droit, ni juste prétention
Pas même pour couvrir dans toute la nation
Un sabot de cheval ! Ce duc qui voulut prendre
Ce glorieux surnom, ne rougit pas de vendre
A des rois étrangers l'honneur de ses aïeux.
D'êtres justes pourtant vous vous dites soucieux.
J'ai toujours méprisé la basse hypocrisie.
Car telle que je suis je parus dans ma vie.   1490

LE DUC DE BOURGOGNE.

C'est vrai ! de l'opinion vous savez vous moquer.

ISABEAU.

Comme un autre un sang chaud je crois bien posséder
Ainsi que des passions. Mais dans ce beau domaine
Je puis sans doute vivre et non paraître en reine !
Et devrais-je toujours me priver de plaisirs
Parce qu'un sort affreux a contre mes désirs
Enchaîné mon destin d'ardente jeune fille
A ce roi le plus sot de toute sa famille.
Plus que la vie encor j'aime la liberté !
Ce qui m'étonne ici..... Quelle nécessité   1500
Mes droits contre vous tous ais-je donc de défendre.
Dans vos veines le sang ne peut que se répandre
Avec peine je crois. Vous bravez le trépas !
Mais l'attrait du plaisir vous ne connaissez pas.

Dans le bien et le mal étant toute sa vie,
Ce duc doit voir son cœur sans peine et sans envie.
Je m'en vais à Melun.

(*S'adressant à Lionel*).

Veuillez donc m'accorder
Le vôtre qui me plait. Car il viendra m'aider
A bien passer mon temps. Et vous, vous pourrez faire
Tout ce que dans vos vœux pourra le plus vous plaire. 1510
Je ne demande rien (ce serait sans succès)
A ce duc de Bourgogne ainsi qu'à vos Anglais.

(*Elle fait signe au page et veut se retirer*).

LIONEL.

Soyez sans inquiétude. Il est chez nous d'usage
D'envoyer à Melun les plus beaux de visage
Parmi nos prisonniers !

ISABEAU (*revenant*).

Vous avez la valeur !
Le Français, par la grâce, est le maître du cœur!

SCÈNE TROISIÈME.

Conseil de guerre tenu par les généraux Anglais.

TALBOT, LE DUC DE BOURGOGNE, LIONEL.

TALBOT.

Quelle femme ! Isabeau !

LIONEL.

Quelle est votre pensée ?
Allons-nous fuir encor d'une fuite insensée,
Ou bien pour effacer la honte de ce jour,
Par un prompt coup de main montrer notre retour ? 1520

LE DUC DE BOURGOGNE.

De soldats dispersés la peur et la faiblesse
Ne nous permettent pas de tels coups de hardiesse.

TALBOT.

Une aveugle terreur nous ravit le succès,
L'impression du moment et son subit accès.
Par l'imagination cette frayeur produite,
Quand on réfléchira sera bientot détruite.
Conduisons nos soldats, c'est là mon ferme avis
Demain au point du jour devant les ennemis.

LE DUC DE BOURGOGNE.

Vous devez réfléchir !

LIONEL.

     Si vous voulez permettre,
Notre plan est mûri, nous pouvons le promettre.   1530
Nous devons regagner tous les postes perdus.
De honte sans cela nous serions confondus.

TALBOT.

Demain ! C'est décidé ! Nous pensons tous combattre
Afin qu'en même temps par nous se puisse abattre
Ce fantôme de peur qui retient nos soldats,
Paralyse leurs mains, leur fait fuir le trépas !
A cette fille enfin cause de tant d'alarmes
Nous montrerons demain la force de nos armes.
Si jamais elle vient me jeter un défi,
Son magique pouvoir aura bientôt fini !   1540
Et si loin de nos coups vient à fuir la Pucelle,
Tous perdront l'illusion qu'ils nourrissaient contre elle !

LIONEL.

Qu'il en soit donc ainsi ! Mais pour moi c'est cruel
D'être laissé par vous dans ce vaste duel
En un coin éloigné du vrai champ de bataille.
Car je pensais demain mesurer à sa taille
Ce fantôme vivant, sous les yeux de Dunois,
De ses bras l'emporter vaincu dans ce tournois ;

A la satisfaction de notre brave armée,
Entraîner la Pucelle à jamais désarmée !   1550

LE DUC DE BOURGOGNE.

Ne promettez pas trop !

TALBOT.

                    Je veux bien rûdement.
La saisir ! Il n'est pas question d'embrassement,
Notre corps fatigué demande à prendre haleine.
Donnons-lui du repos ! Car demain à la peine·
Dès l'aurore il devra s'élancer souriant !

SCÈNE QUATRIÈME.

Jeanne d'Arc à la tête des chevaliers Français surprend
et incendie le camp des Anglais.

JEANNE avec un drapeau à la main, le casque en tête, la
poitrine couverte d'une cuirasse, pour le reste revêtue
comme une femme. — DUNOIS, LA HIRE, des chevaliers
et des soldats se tiennent sur les rochers, s'y massent
en silence et se montrent bientôt sur la scène.

JEANNE (*aux chevaliers qui l'entourent pendant que
la colonne poursuit sa marche*).

« Le rempart est franchi ! Nous sommes dans le camp.
« Pour marcher aux Anglais maintenant la nuit sombre
« Vous prête à tous, soldats, le secours de son ombre.
« Pour jeter dans ses rangs une forte terreur
« Poussez tous ce grand cri » : Pucelle et le Seigneur. 1560
        (*Tous crient en faisant retentir leurs armes*).

« Pucelle et le Seigneur. » (Tambours et trompettes).

DES SENTINELLES (*derrière la scène*).

                    Les ennemis arrivent !

JEANNE.

« Brûlez les pavillons, et que les feux s'attisent !
« Que la flamme en fureur vienne augmenter l'effroi
« En menaçant de mort tout ce peuple en émoi ! »

    (Les soldats se pressent et veulent la suivre).

DUNOIS *(revenant)*.

Jeanne ! Votre mission est maintenant remplie.
Vous nous avez conduits dans l'armée ennemie.
Elle vient grâce à vous de tomber en nos mains.
A présent tenez vous loin des coups inhumains.
Laissez-nous dans le sang décider la victoire.

LA HIRE.

Montrez à nos soldats le chemin de la gloire.   1570
Et dans vos pures mains portez notre drapeau.
Pourtant quittez le fer qui creuse le tombeau.
Ne tentez pas le Dieu capricieux de la guerre,
Car, sans rien distinguer, il fait tomber à terre
Les meilleurs des soldats !

JEANNE.

              Qui peut m'intimider ?
A l'esprit qui me guide. Eh ! Qui veut commander ?
Oui les traits s'enfuiront bien loin de la poitrine
Qu'il voudra protéger, préserver de la ruine !
Au plus fort du péril, Jeanne doit tout braver !
La mort dans ce combat, je ne dois pas trouver.   1580
Sur la tête du roi je verrai la couronne.
Au milieu du danger qui ma vie environne,
Personne ne pourra frapper le coup mortel
Avant que je n'ai fait ce qu'ordonna le ciel !

    (Elle s'en va).

LA HIRE.

Allons ! Brave Dunois ! Suivons notre héroïne
Et de nos boucliers protégeons sa poitrine !

SCÈNE CINQUIÈME.

Des soldats Anglais en fuyant traversent la scène. — Arrivée de Talbot.

PREMIER SOLDAT.

Jeanne dans notre camp vient donc de pénétrer.

SECOND SOLDAT.

Impossible ! Jamais ! Comment pût-elle entrer ?

TROISIÈME SOLDAT.

En traversant les airs. C'est Satan qui l'enlève.

QUATRIÈME ET CINQUIÈME SOLDAT.

Fuyons ! Fuyons ! Sans quoi nous tombons sous son
                     (*Ils s'en vont*).   [glaive.   1590

TALBOT (*arrivant*).

Ils n'écoutent donc plus leur chef et leur soutien !
Tous de la discipline ont donc brisé le lien !
On dirait que l'Enfer répand dans notre armée
Des milliers d'Esprits de sa troupe damnée.
La peur saisit le brave ainsi que le poltron
Et vient troubler à tous les sens et la raison !
Quand l'armée ennemie attaque vigoureuse,
Je ne puis opposer de troupe valeureuse.
Je suis seul ici calme et prêt à rallier
Nos Anglais éperdus qui vont se replier   1600
Devant tous ces Français dont les soldats sans gloire
Dans plus de vingt combats ont cédé la victoire.
Quelle divinité nous inspire l'effroi,
Et dans ce grand duel attire tout à soi
Par l'étrange secours d'une biche timide
Faisant de leur armée une troupe intrépide.
La sorcière en jouant des rôles imposés

Sait inspirer la peur aux héros abusés.
Quoi ? Jeanne effacerait une gloire si belle ?

UN SOLDAT (*qui fuit*).

Ah ! Général fuyez ! Car voici la Pucelle !   1610

TALBOT (*le perçant de son épée*).

Fuis en Enfer toi-même ! Ainsi je veux percer
Quiconque parlera de craindre ou de céder !

SCÈNE SIXIÈME.

La scène s'agrandit. On voit le camp Anglais entière-
ment livré aux flammes. — Les fuyards sont poursuivis
par les vainqueurs. — Au bout de quelques temps arrive
Montgoméry.

MONTGOMÉRY (*seul*).

Où fuir ? De tous côtés est l'armée ennemie.
Ici le général veut enlever la vie
A tout soldat Anglais qui tenterait de fuir.
Là, semblable à la flamme on voit aussi sévir
La terrible Pucelle. Et ce qui me consterne,
Il n'est pour me cacher ni buisson ni caverne.
Malheureux ! Qu'ais-je fait en franchissant les mers ?
Ah ! Pour moi maintenant sont devenus amers   1620
Ces pensers enchanteurs qui sur la terre hostile
Me faisaient conquérir une gloire facile !
En cet instant cruel un lamentable sort
Me jette en un combat où se trouve la mort.
Ah ! Que ne suis-je aux bords de la Severn fleurie
Heureux, en sûreté dans ma maison chérie !
Là, ma mère m'attend au sein de l'affliction
Et la douce fiancée, espoir de notre union !
                    (*Jeanne se montre dans le lointain*).

Malheur à moi ! Que vois-je ? A mes yeux menaçante
Apparaît la Pucelle ! A la bouche perçante   1630
De l'Enfer tel se voit le spectre de la nuit.
Où fuir ? Avec ses yeux bien vite elle saisit.
Je ne puis éviter la terrible Pucelle,
Pas plus que le regard de l'ardente prunelle.
La peur jusqu'à mes pieds m'a pu tout envahir.
Aussi dans ce moment je ne puis pas m'enfuir.
D'ailleurs, quoique mon cœur soit d'un avis contraire,
Au terrible ennemi je ne puis me soustraire.

  (*Jeanne fait quelques pas vers lui et puis s'arrête*).

Elle s'approche !... Non ! Je ne l'attendrai pas,
Jusqu'à-ce que son fer m'ait donné le trépas.   1640
Il faut qu'à ses genoux au moins je la convie
De vouloir m'accorder la grâce de la vie.
Elle est femme ! En voyant un chef Anglais pleurer
Sa colère, je crois, devra se modérer.

  (*Il veut s'approcher de Jeanne. Celle-ci fait quelques
  pas vers lui*).

SCÈNE SEPTIÈME.

  Montgoméry après avoir supplié Jeanne de lui faire
grâce de la vie, est obligé de se battre avec elle et
succombe sous ses coups.

JEANNE.

Vous êtes condamné, tenant votre naissance
De quelque mère Anglaise !

   MONTGOMÉRY (*se jette à ses pieds*).

     Un homme sans défense
Ne peut noble Pucelle, expirer sous vos coups.
Sans fer, sans bouclier, je suis à vos genoux.
Du jour ah ! laissez-moi l'agréable lumière.
Prenez une rançon ! Car là bas mon vieux père   1650

Habite un beau domaine en un riche pays.
A Galles la Severn roule dans ses replis
Des flots resplendissants, des lames argentées,
Dans des plaines de fleurs charmantes parfumées.
Là, cinquante cités reconnaissent sa loi.
Une forte rançon il vous paiera pour moi
S'il me trouve vivant dans le camp de la France !

    JEANNE.

Votre sort est fixé ! Pour vous plus d'espérance,
De la Pucelle même étant le prisonnier,
De pouvoir avec l'or au trépas échapper.   1660
Si victime d'un sort malheureux entre mille
Vous étiez au pouvoir de quelque crocodile,
D'un tigre furieux, d'un lion irrité,
Et que vous leur eussiez les petits emporté,
Vous ne pourriez attendre qu'une mort très cruelle
De même pour tous ceux que prendra la Pucelle.
L'empire des esprits qui ne sait s'émouvoir
Me fit promettre un jour pour remplir mon devoir
De passer sans fléchir, au fil de mon épée
Tous ceux que le Seigneur mettrait à ma portée.   1670

    MONTGOMÉRY.

Si vos mots sont cruels, votre regard est doux
On ne peut s'effrayer quand on est près de vous.
Mon cœur je sens me porte à ce visage aimable.
Eh ! bien ! par la douceur de ce sexe adorable
Gardez-vous d'écarter les vœux des suppliants,
Et prenez en pitié cette fleur de mes ans !

    JEANNE.

Pas d'appel à mon sexe ! En moi n'est plus la femme.
Semblable à ces esprits dans lesquels agit l'âme
Sans le secours d'un corps, de tout abri mortel,   1680
J'ai déposé mon sexe dans ce puissant duel.
Il ne bat plus de cœur sous ma forte cuirasse.

MONTGOMÉRY.

Par cet amour sacré, qui tant de cœurs enlace
Et dont tous les humains reconnaissent le prix
De mes supplications ne faites pas mépris !
J'ai laissé chez les miens une femme chérie,
Comme vous elle est belle, au printemps de la vie
Les yeux baignés de pleurs elle attend mon retour.
Si vous avez fondé quelque espoir dans l'amour,
Si vous en attendez pour vos ans l'allégresse,
N'allez pas aujourd'hui plonger dans la tristesse,   1690
Deux cœurs unis déjà pour être un jour heureux !

JEANNE.

Vous pouvez implorer tous vos terrestres dieux.
Ils ne sont pas pour moi sacrés ni respectables.
L'amour ne m'offre pas des chaînes désirables.
Je n'attend rien de lui ! Vous l'implorez en vain
Pour détourner de vous le glaive de ma main.
Défendez donc vos jours ! Car la mort vous réclame.

MONTGOMÉRY.

Ah ! Pucelle ! Du moins laissez toucher votre âme
En pensant aux parents que j'ai dans la maison.
Vous en avez sans doute aussi dans l'affliction.   1700

JEANNE.

Ce que vous avez dit reporte mes pensées
Aux mères par milliers de leurs enfants privées,
Ainsi qu'aux fils nombreux qui pleurent leurs parents.
Que de femmes aussi veuves avant le temps,
Grâce aux affreux combats livrés sur cette terre !
C'est maintenant le tour des mères d'Angleterre
D'éprouver l'affliction, de connaître le deuil
Comme celles des fils déja dans le cercueil !

MONTGOMÉRY.

C'est pour un prisonnier un sort bien déplorable
De tomber au pouvoir d'un cœur inexorable !   1710

JEANNE.

Eh ! Qui donc vous forçait d'aller en ennemis
Dévaster les beaux champs de notre cher pays.
Bien plus ! D'en essayer de bannir le vrai maître,
Et faire parmi nous cette guerre de traître,
Lorsque dans nos cités régnait la douce union.
Chassez de votre esprit la trompeuse illusion
De voir ce fier Français qui vint au monde libre,
En sa gaîté de cœur se condamner à vivre
Esclave des Anglais, ou ce pays charmant
Etre pour vous la barque aux flancs du bâtiment.   1720
Vous êtes insensés ! Vous ignorez sans doute
Que notre arme est fixée à la céleste voûte.
Et vous trouveriez tous plus de facilité
A ravir un soleil que la moindre cité
De ce noble pays dont elle est dépendance.
Pour nous est arrivé le temps de la vengeance !
Non ! Désormais par vous ne seront plus franchis
Les flots de cette mer à dessein établis
Entre nos deux pays pour servir de barrière !
A tort vous désiriez n'avoir plus de frontière !   1730

MONTGOMÉRY (laisse tomber ses mains).

Il faut mourir !... Le sort cruel va me saisir !

JEANNE.

Mourez ami ! Pourquoi devant la mort frémir ?
C'est le commun destin !.. Moi, j'étais une fille
Qui gardais les troupeaux au sein de ma famille.
Jamais je ne tenais des glaives inhumains.
L'innocente houlette était seule en mes mains.
Et cependant ici, bien loin de nos campagnes,
Loin du bras paternel, du cœur de mes compagnes,
Non sans doute par goût, mais pour plaire au Seigneur
Je vais en ce moment foulant aux pieds la peur,

Et me battre avec vous, vous percer de l'épée
Pour avoir à mon tour la même destinée !
Au foyer paternel pour moi plus de retour !.
Je dois pourtant ravir la lumière du jour
A de nombreux Anglais, faire beaucoup de veuves,
Moi-même un jour ainsi terminer mes épreuves,
Et payer un tribut à l'inflexible sort !
Préparez-vous au votre en affrontant la mort !
Nos coups vont décider du doux bien de la vie !

MONTGOMÉRY (se *lève*).

Puisqu'on peut vous la voir autant qu'à moi ravie,   1750
Qu'au dessus de mes coups vous n'avez pas le sein,
Vous pourriez à l'instant quitter ce jour serein,
Et jetée en enfer délivrer l'Angleterre,
De ce danger pressant qui grâce à vous l'enserre.
Entre les mains de Dieu je remets mon esprit.
Et vous, à tout jamais personnage maudit
Que votre roi quittant sa région souterraine
Vienne vous protéger ! Votre fin est prochaine !

(*Il prend le bouclier et l'épée, et fond sur la Pucelle.
On entend dans le lointain une musique militaire.
Après un court combat, Montgoméry tombe.*)

SCÈNE HUITIÈME.

JEANNE (*seule*).

Allez mourir ! Allez !

(*Elle s'éloigne de quelques pas, et demeure abîmée
dans de profondes réflexions*).

Sainte-Vierge, c'est vous
Qui par mon faible bras portez de si grands coups,   1760
Vous qui le revêtez d'une force invincible,
Et faites de mon cœur, un cœur tout inflexible !
Il est ému ce cœur ! Le bras se sent faiblir,

Quand il faut de ses coups percer, faire périr
Un guerrier dans sa fleur. Forcément on hésite
Comme à l'aspect d'un temple où l'Esprit saint habite.
En regardant ce fer, je sens mon cœur trembler.
Cependant, quand il faut il sait se rassurer.
La main peut bien trembler ! Ce n'est jamais le glaive.
On dirait qu'un esprit le saisit et le lève !

SCÈNE NEUVIÈME.

Le duc de Bourgogne vient défier l'héroïne. — Un chevalier la visière baissée.

JEANNE, LE CHEVALIER.

LE CHEVALIER.

Sorcière ! Ton dernier moment est donc venu !
Pour te trouver ici le camp j'ai parcouru.
Oh ! Fantôme maudit ! Bientôt rentre à l'abîme
D'où tu vins parmi nous !

JEANNE.

        Et ! Qui donc pour victime
Conduit son mauvais ange en le portant vers moi ?
Votre mise me semble être celle d'un roi.
Vous n'êtes pas Anglais ! C'est une autre livrée,
Celle des Bourguignons qui touche mon épée !

LE CHEVALIER.

Non ! Sorcière ! C'est sûr ! Tu ne méritais pas
Qu'une royale main t'infligeât le trépas.   1780
Par la main du bourreau devrait finir ta vie,
Non par ma noble épée être aujourd'hui ravie !

JEANNE.

C'est le duc de Bourgogne armé pour un tournoi ?

LE CHEVALIER (*levant la visière*).

C'est moi, fille d'Enfer ! Tremble ! C'est fait de toi !
Tes ruses de Satan ne seront plus à craindre.
Des lâches jusqu'ici tu pus sans peine atteindre.
Tu vas lever le fer contre un homme sans peur !

SCÈNE DIXIÈME.

Jeanne par une éloquente admonestation force le duc de
Bourgogne à rompre avec les Anglais.

DUNOIS, LA HIRE ET LES PRÉCÉDENTS.

DUNOIS.

Eh ! Duc des Bourguignons ! Pour conserver l'honneur
Seulement contre un homme il faut lever l'épée !

LA HIRE.

Nous défendons tous deux une tête sacrée.
Et d'abord avec moi vous croiserez le fer !

LE DUC DE BOURGOGNE.

Ces ruses ne sont rien pour un cœur noble et fier.
Je ne crains pas non plus ceux qu'atteint le délire.
Rougissez, vous Dunois, et vous aussi, La Hire,
En voulant pour Satan affronter les combats.
D'une fille d'Enfer vous êtes les soldats...
Venez tous ! Celui qui devant Satan recule,
S'arme contre son Dieu d'un doute ridicule !

(*Ils se disposent au combat. Jeanne intervient*).

JEANNE.

Arrêtez !

LE DUC DE BOURGOGNE.

      Vas-tu donc trembler pour ton amant ?
Bientôt devant tes yeux.

      (*Il montre Dunois*).

JEANNE.

Arrêtez à l'instant !   1800

Séparez-vous La Hire !... Aucun sang de la France
Ici ne doit couler ! Ce n'est pas la puissance
Du glaive qui viendra la querelle vider.
Tout autrement au ciel on doit en décider !
Arrêtez donc vous, dis-je, et prêtez votre oreille
A l'Esprit qui m'inspire et par moi vous conseille.

DUNOIS.

Pourquoi donc arrêter mon bras déjà levé ?
Pourquoi suspendre un fer de sang très altéré ?
Il est hors du fourreau ! Les grands coups qu'il assène
Iront de nos Français satisfaire la haine !   1810

*Jeanne se met au milieu et sépare les combattants par
un grand intervalle.)*

(*A Dunois.*)

Mettez-vous à côté !

(*A La Hire*)

(*Après que tout est calme*).

Gardez-vous de broncher.

Vous, noble Bourguignon, que venez-vous chercher ?
A qui s'adresse donc votre forte colère ?
Ce prince a comme vous notre France pour mère.
Aux combats ce guerrier fut votre compagnon
Et de même que vous il naquit Bourguignon.
Moi-même en ce pays je reçus la naissance
Ceux que vous poursuivez sont pour votre assistance.
Nos bras ont été faits pour vous bien soutenir.
Nos genoux devant vous sauront aussi fléchir.   1820
Notre épée est pour vous sans pointe meurtrière,
Nous vous reconnaissons une âme noble et fière
Même quand vous venez traiter en ennemi
Notre roi qui voudrait vous avoir pour ami !

LE DUC DE BOURGOGNE.

Avec ce ton flatteur, ces paroles mielleuses,
Veux-tu donc m'entourer de chaînes victorieuses ?
Sorcière, ces moyens sont ici superflus.
De l'oreille tes mots ne seront pas reçus !
Et tes yeux si brillants ont beau lancer la flamme
Leurs traits n'arriveront jamais jusqu'à mon âme.   1830
Aux armes donc Dunois ! Veuillez vous approcher.
Par des coups, non des mots, le sort doit se trancher !

    DUNOIS.

Les paroles d'abord, et puis les coups d'épée !
Craindriez-vous les mots pour votre âme obstinée ?
D'une cause mauvaise indice accusateur,
Pour vous un tel désir ne serait pas flatteur.

    JEANNE.

Rien de forcé n'a pu guider notre conduite.
Pour venir implorer elle n'est pas produite !
Vous devez réfléchir sur votre position.
La flamme a dévoré déjà le camp d'Albion.   1840
Vos morts en tas épais jonchent partout la plaine,
Et le vent des tambours porte la voix lointaine.
Le Seigneur a parlé ! La victoire est a nous !
Les branches des lauriers moissonnés par nos coups,
Nous les partagerons en amis de la France !
Revenez, fugitif, a l'antique alliance !
Là se trouvent le droit ainsi que le succès !
Pour moi par le Seigneur envoyée aux Français,
Je vous tends avec joie une main fraternelle.
Je veux vous arracher à l'union criminelle.   1850
Libre vous rentrerez à nos côtés sacrés.
Les escadrons du ciel vers nous se sont tournés.
Les anges combattaient pour notre roi de France.
Des couronnes de lis augmentaient leur prestance.

Notre cause ressemble à ce blanc étendard,
A la chaste Pucelle, au noble et pur regard !

LE DUC DE BOURGOGNE.

Le faux pour attirer de mots adroits s'habille,
Cependant tu parlais comme parle une fille.
Si ce discours te vient de quelque esprit mauvais
C'est qu'il a pensé mieux obtenir le succès   1860
En prenant ces dehors ! Je ne veux rien entendre !
Mon cœur mieux que le bras se laisserait surprendre !

JEANNE.

Vous m'appelez sorcière et vous m'attribuez
Des pouvoirs criminels par l'Enfer accordés.
L'Enfer voudrait ainsi faire cesser la haine !
Il voudrait le bonheur de la famille humaine !
... .. Eh ! Connaissez-vous donc quelque bien ici-bas
Qui ne soit parmi nous l'objet de grands combats ?
Puisque notre nature ainsi lutte sans cesse,
Pensez-vous que le ciel seul se désintéresse   1870
De toute cause juste, et qu'il puisse charger
L'Enfer de tout le soin d'aller la protéger ?
Si j'ai fait un discours qui put toucher votre âme,
Qu'est-ce, sinon de Dieu la forte et pure flamme
Qu'il m'a communiquée ? Eh ! qui donc m'instruisit
Moi, paisible bergère, et dans ce temps m'apprit
Les choses du royaume à moi fille ignorante ?
De la cour de nos rois je fus toujours absente.
Ma bouche ignore aussi le noble art de parler.
Si j'ai pu cependant un peu vous ébranler,   1880
C'est que Dieu me fit part de son auguste science.
Des royaumes je vois les revers, la puissance,
Et les mots que je dis ressemblent aux éclairs
Qui frappent, brisent tout en traversant les airs.

LE DUC DE BOURGOGNE (*profondément ému, lève les yeux vers Jeanne, et la regarde longtemps étonné et troublé*).

Que se passe-t-il donc, et qu'elle est cette trâme
De pensers tout nouveaux qui remplissent mon âme ?
De Dieu seul peut venir ce profond changement.
Jeanne n'a pas reçu ce pouvoir en naissant.
Si quelque esprit mauvais me prit l'intelligence
Je sens que du Seigneur la gracieuse assistance   1890
Opère ce retour ! Oui ! Mon cœur me le dit :
« D'une femme inspirée il est le seul produit ! »

JEANNE.

Il est ému ! C'est sûr ! Bonne fut ma prière !
Son visage n'a plus cette noire colère
Qui venait l'obscurcir. J'y vois couler des pleurs.
On dirait à ses yeux qu'il a tous les bonheurs !
Comme un rayon doré la joie est en son âme.
Que sans retard au loin chacun porte sa lame !
Que de chacun de vous le cœur presse le cœur !
Il pleure ! Il est à nous !... Le Seigneur est vainqueur. 1900

(*Jeanne pose les armes et se dirige vers le duc de Bourgogne les bras ouverts et l'embrasse avec émotion. La Hire et Dunois laissent tomber leurs épées et se pressent vers le duc pour l'embrasser*).

ACTE TROISIÈME

Le camp et la cour du Roi à Châlons-sur-Marne.

SCÈNE PREMIÈRE.

Rivalité de Dunois et de La Hire qui veulent demander tous deux la main de Jeanne.

DUNOIS ET LA HIRE.

DUNOIS.

Nous avions l'un pour l'autre une amitié sincère.
Des combats meurtriers nous suivions la carrière.
Dans la même occasion nous armions notre bras
Etant forcés tous deux d'affronter le combat.
L'amour pour une femme irait-il donc résoudre
Des liens que les hasards n'ont jamais pu dissoudre ?

LA HIRE.

Prince ! Ecoutez moi donc !

DUNOIS.

Je sais que votre cœur
A vis-à-vis de Jeanne une grande chaleur !
Près du roi vous voulez en suppliant vous rendre
Afin que vous puissiez à cette union prétendre !   1910
Si le roi rend hommage à l'intrépidité,
Ce prix de la valeur vous doit être accordé.
Sachez bien cependant, avant que la Pucelle
Contracte avec La Hire une union solennelle...

LA HIRE.

Ah ! Prince ! Ecoutez-moi !

DUNOIS.

Des dehors si charmants
Ne purent m'inspirer de pareils sentiments.
Jamais je n'éprouvai de passion invincible
Que lorsque je la vis ! Providence visible
Du Seigneur ici-bas, pour sauver les Français,
Je crois bien que le ciel l'envoya tout exprès   1920
Pour être ma fiancée... Et du fond de mon âme,
Je promis par serment d'en faire un jour ma femme.
Les forces vous savez doivent se convenir.
Deux êtres très puissants viendront ici s'unir !
Oui ! Le cœur veut trouver pour alléger sa peine
Une poitrine en tout forte comme la sienne !

LA HIRE.

Mon mérite n'est rien au votre comparé.
Car vous portez un nom par nul autre égalé.
Quand le comte Dunois veut bien entrer en lice,
Tout autre pour la paix doit faire un sacrifice.   1930
Un prince, une bergère à mon très humble avis,
Ne feront pas pourtant des couples assortis.
Prince ! Le sang royal qui coule dans vos veines
Rougirait, j'en suis sûr, de ces étranges chaînes !

DUNOIS.

Celle dont le renom remonte jusqu'aux cieux
Est bien semblable à moi, peut se passer d'aïeux !
D'un prince pourrait-on nuire à la destinée
Quand on est dans le ciel des anges la fiancée !
La couronne qui brille en célestes rayons,
De celles d'ici-bas vaut les plus beaux fleurons !   1940
Des grands loin d'envier le faste avec tristesse,
Elle le foule aux pieds le cœur plein d'allégresse.
Les trônes des humains l'un sur l'autre placés,
Quand ils arriveraient jusqu'aux cieux étoilés,

N'atteindraient pas encor cette hauteur où brille
Dans toute sa beauté cette angélique fille !

LA HIRE.

Le roi décidera !

DUNOIS.

Non ! Elle peut choisir !
Celle qui vient d'En-Haut les Français affranchir
Peut bien évidemment choisir sa destinée.

LA HIRE.

Du roi je vous annonce à l'instant l'arrivée.   1950

SCÈNE SECONDE.

Châtillon annonce au roi l'arrivée du duc de Bourgogne,
ainsi que les principales clauses de la réconciliation.

CHARLES, AGNÈS SOREL, DUCHATEL, CHATILLON
ET LES PRÉCÉDENTS.

CHARLES (à *Châtillon*).

Il vient me reconnaître aujourd'hui pour son roi !
Il vient me dites-vous le jurer devant moi ?

CHATILLON.

Sire ! C'est dans Châlons votre ville royale
Que le duc, mon seigneur, dans son âme loyale,
Veut venir à vos pieds ! Puis il m'a commandé
De reconnaître en vous mon maître vénéré !
Il me suit de bien près ! Bientôt il va paraître

SOREL.

Il vient ! Ah ? le beau jour qui parmi nous fait naître
Et la joie et la paix, la réconciliation !

CHATILLON.

Puis, deux cent chevaliers vont à la réception.   1960
Il veut à vos genoux vous demander sa grâce.

Mais, il attend aussi pour que tout mieux se fasse
Que vous l'embrasserez comme votre cousin.

CHARLES.

Mon cœur brûle déjà de battre près du sien !

CHATILLON.

Le duc désire aussi que dans cette entrevue,
On ne rappelle en rien la lutte survenue.

CHARLES.

Que le passé soit donc oublié sans retour.
Nous ne voulons plus voir que la beauté du jour.

CHATILLON.

Vous traiterez aussi de la même manière
Tous ceux qui pour le duc ont levé la bannière.   1970

CHARLES.

En ne voyant en eux que de nouveaux soldats,
Je vais rendre plus fort le lien de mes Etats !

CHATILLON.

De ce traité de paix Isabeau voudrait être,
Si pourtant vous vouliez en grâce aussi l'admettre.

CHARLES.

Pour avoir cette guerre elle seule lutta.
Nous aurons tous la paix quand elle la voudra !

CHATILLON.

Par douze chevalirs doit être confirmée
La parole du roi !

CHARLES.

        Ma parole est sacrée !

CHATILLON.

Et l'Archevêque doit partager entre vous
Une hostie en témoin de ce moment si doux   1980
Qui doit voir se signer l'alliance nouvelle.

CHARLES.

De mon côté je veux être toujours fidèle !
Ma main, comme mon cœur, sont ici tous d'accord.
Quelle autre condition le duc veut-il encor ?

CHATILLON (*regardant Duchâtel*).

Je vois ici quelqu'un dont la seule présence,
Aurait sur l'entrevue une triste influence.

(*Duchâtel s'en va sans rien dire*).

CHARLES.

Allez ! cher Duchâtel !... Il faut vous absenter,
Jusqu'à ce que le duc vous puisse supporter !

(*Il le suit des yeux : ensuite, il se dirige vers lui et
l'embrasse*).

Vous auriez sans nul doute oh ! fidèle économe
Fait encore bien plus pour la paix du royaume !   1990

(*Duchâtel sort*).

CHATILLON.

L'acte même comprend les autres conditions.

CHARLES (*à l'Archevêque de Reims*).

Qu'il soit bien rédigé ! Car tout nous accordons,
Pour avoir un ami rien trop cher doit paraître.
Dunois, cent chevaliers avec vous doivent être
En allant faire au duc un accueil amical.
Les troupes avec fleurs en signe triomphal
Doivent aussi se rendre au-devant de leurs frères.
Que dans notre cité les maisons tout entières
Se parent de lauriers, et dans les environs
Qu'on puisse entendre encor de joyeux carillons !   2000
Pour dire que la France ainsi que la Bourgogne
Vont se réconcilier aujourd'hui sans vergogne !

(*Un écuyer arrive. On entend des trompettes*).

CHARLES.

Entendez ! Que veut dire en ce moment ce bruit ?

L'ECUYER.

Le duc de l'arrivée ainsi nous avertit.

(Il sort).

DUNOIS (part avec La Hire et Châtillon).
Allons à sa rencontre !

CHARLES (à Sorel).

Eh ! Quoi ! Mon Agnès pleure !
Le cœur me manque presque à moi-même à cette heure.
Combien de nos Français aux combats ont péri
Avant qu'un mal si grand se soit trouvé guéri,
Et se passe entre nous l'amical tête-à-tête.
Cependant de sa force a perdu la tempête.   2010
Après la nuit d'orage on voit luire un beau jour.
Les fruits les plus tardifs ont pour mûrir leur tour.

L'ARCHEVÊQUE (à la fenêtre).

De la foule le duc se dégage avec peine.
Le peuple de cheval le soulève et l'entraîne.
Il baise son manteau, même son éperon.

CHARLES.

Notre peuple de France est un peuple si bon !
Il est prompt dans l'amour comme dans la vengeance.
Après un temps bien court il n'a plus souvenance
De ce qu'ont fait le père et le fils contre nous !
Il oublie une vie en cet instant si doux !   2020
Contenez-vous Sorel ! Une joie éclatante
Pourrait bien pour son cœur devenir irritante !
Il ne doit rien trouver qui l'oblige à rougir.
Rien de ce qui pourrait un si beau jour ternir.

SCÈNE TROISIÈME.

Entrevue du roi et du duc de Bourgogne.

LE DUC DE BOURGOGNE, DUNOIS, LA HIRE, CHATILLON
ET DOUZE AUTRES CHEVALIERS DE SA SUITE.

Le duc s'arrête dans le vestibule. — Le roi se dirige
vers lui. Aussitôt le duc s'avance, et au moment où il veut
se jeter aux genoux du roi, celui-ci le prend dans ses
bras.

CHARLES.

Vous nous avez surpris ! Notre intention bien ferme
Était au visiteur de rapprocher le terme.

LE DUC DE BOURGOGNE.

Vous vouliez m'empêcher de faire mon devoir !

(Il embrasse Sorel et la baise au front).

Je pense bien, cousin, en avoir le pouvoir ?
Certains droits sur Arras ma maison revendique.
Et la beauté se rend à cet usage antique !   2030

CHARLES.

Votre cour est, dit-on, le siège de l'amour !
Le beau qui veut briller doit y faire séjour !

LE DUC DE BOURGOGNE.

Sire ! Nous sommes tous un peuple de commerce.
Tout ce qui par l'éclat certain empire exerce
Comme en exposition arrive à nos marchés.
Chez la femme ces prix sont les plus recherchés !

SOREL.

On estime beaucoup une femme fidèle,
Mais aux marchés pourtant on ne cherche pas elle.

CHARLES.

Mon cousin, votre avis doit être suspecté !
Vous raillez la vertu qui pare la beauté !   2040

LE DUC DE BOURGOGNE.

D'elle-même toujours une erreur se diffame.
Très bien pensé, mon roi ! De bonne heure votre âme
Sut ce que j'appris tard dans mon agitation.
(Il aperçoit l'Archevêque de Reims, et lui tend la main).
Oh ! Saint homme de Dieu ! Votre bénédiction !
Vous embrassez toujours une cause honorable.
On vous trouve en prenant le parti véritable !

L'ARCHEVÊQUE.

Mon maître quand il veut sait tous nous appeler.
Quant à moi maintenant je puis bien m'en aller,
Puisque mes yeux ont vu ce jour plein d'allégresse !

LE DUC DE BOURGOGNE (*à Sorel*).

Dans un transport, dit-on, d'admirable noblesse   2050
Vous vendites soudain vos plus précieux bijoux
Pour les changer en fer qui put nous percer tous.
Qui vous eût cru des goûts si puissants pour la guerre.
C'est ainsi que de moi vous vouliez vous défaire.
Cependant notre lutte a maintenant pris fin,
Ce que nous enlevait un sort trop inhumain,
Se retrouve aujourd'hui, même votre toilette.
Pour moi dans cette guerre elle était déjà prête.
Prenez-la de ma main comme un cher souvenir
Du traité si touchant qui vient tous nous unir !
*(Il reçoit d'un de ses officiers l'écrin et le lui présente
tout ouvert. Agnès Sorel voit le roi tout étonné).*

CHARLES.

Acceptez le présent ! C'est la preuve précieuse
Et de son bel amour et d'une paix heureuse !
(Le duc place une rose brillante dans sa chevelure).
Que ne puis-je la fleur en couronne changer !
J'aurais bien du plaisir à venir l'arranger !

(Ils se prennent les mains).

En tout cas, comptez-moi comme un ami fidèle !

(*Agnès Sorel fondant en larmes se met à côté ; le roi comprime une forte émotion. Tous les assistants observent les deux princes. Le duc de Bourgogne, après avoir salué tous les assistants, va se jeter dans les bras du roi*).

Oh ! mon roi !...

(*Dans le même moment les trois chevaliers Bourguignons se dirigent vers Dunois. La Hire et l'Archevêque de Reims s'embrassent. Les deux princes restent quelque temps dans les bras l'un de l'autre sans rien dire*)

..... J'ai donc pu me montrer si rebelle !
Me séparer de vous pour me jeter aux bras
Des féroces Anglais !

CHARLES.

Assez ! N'insistez pas !

LE DUC DE BOURGOGNE.

A cet Anglais j'ai pu remettre la couronne !
Jurer obéissance à l'ennemi du trône,   2070
Pour pouvoir à jamais perdre ainsi de ma main
Mon maître légitime et mon bon souverain !

CHARLES.

Oubliez tout, vous dis-je ! Il n'en est plus de trace !
Tous ces tristes moments, ce moment les efface !
C'était la destinée, un trop malheureux sort.

LE DUC (*donne sa main*.)

Croyez ! Je veux bien faire en rentrant dans le port !
Tout sera réparé ! Vous aurez cette aubaine
De voir jusqu'au hameau rentrer à son domaine.

CHARLES.

Etant réconciliés, je ne crains plus l'anglais.

LE DUC.

Croyez qu'avec bonheur pour vous je me battrais.   2080

(Montrant Sorel)

Sachez que si vers moi Sorel était allée,
Je n'aurais pu souffrir de la voir désolée :
Et maintenant l'Enfer n'aura pas le bonheur
De briser un traité formé par notre cœur.
Aujourd'hui, j'ai trouvé ma place véritable,
Car sur ce cœur finit ma fuite lamentable !

L'ARCHEVÊQUE (*se place entre les deux.*)

Princes ! Dès ce moment vous voilà tous unis.
Notre France renaît comme un nouveau Phénix.
La destinée enfin se montre souriante.
De notre cher pays la blessure effrayante   2090
Sans nul doute bientôt va se cicatriser !
De leurs cendres aussi nous verrons se dresser
Les hameaux, les cités, victimes de la guerre.
De riantes moissons recouvriront la terre.
Mais ceux qui sont tombés frappés par le fléau,
Les morts ne viendront pas sortir de leur tombeau.
Les larmes des parents tristement répandues
Quoiqu'on fasse aujourd'hui resteront bien perdues !
Cette génération va sans doute fleurir !
Mais celle qui n'est plus entière dut périr !   2100
Le bonheur aux enfants ne rendra pas leur pères.
Tels sont les fruits amers de la guerre entre frères.
Princes ! Que tout ici vous serve de leçon !
Du glaive meurtrier redoutez la moisson
Avant qu'il soit tiré. Le roi dans sa puissance
Peut voler au combat, pourtant sans ressemblance
Au faucon qui fend l'air en cruel destructeur,
Lorsqu'il s'est élancé de la main du chasseur !
A l'appel des humains se rend le Dieu terrible.
Mais ce n'est pas deux fois qu'à leurs malheurs sensible
Apparaît dans les cieux la main qui sauvera !

LE DUC DE BOURGOGNE.

Dieu donc à vos côtés un ange vous plaça !
Où vit Jeanne ? Et pourquoi dans la journée heureuse
Ne la voit-on ici, comme nous radieuse ?

CHARLES.

Où vit Jeanne ? A la fête irait-elle manquer
Celle qui fit si bien pour nous la procurer ?

L'ARCHEVÊQUE.

Ne vous étonnez pas ! Sire, la sainte fille
Fuit le repos trop doux d'une cour si tranquille.
Dieu ne l'appelle pas dans notre société.
Timide devant nous elle a toujours été.   2120
Avec Dieu, j'en suis sûr, elle cause avec joie,
A moins qu'au bien de tous ce jour elle n'emploie.
Tous ceux qui sont ici certes n'ignorent pas
Quel bonheur étonnant accompagne ses pas !

SCÈNE QUATRIÈME.

Jeanne complète la réconciliation, et donne de sages
conseils aux deux princes auxquels elle annonce les hautes
destinées de leur race. Elle refuse sa main aux seigneurs
qui la demandent.

JEANNE ET LES PRÉCÉDENTS.

(Elle a la cuirasse, mais pas de casque, et porte une
couronne à ses cheveux).

CHARLES.

Jeanne ! Vous avez pris l'aspect d'une prêtresse,
Grâce au cercle de fleurs qui vos beaux cheveux presse !

LE DUC DE BOURGOGNE.

Autant notre Pucelle est terrible au combat,
Autant elle est gracieuse en ce nouvel état.

Jeanne dans ce moment ma parole est donnée.
Est-elle aussi par vous de bon cœur acceptée ?　　2130

JEANNE.

Envers vous avant tout vous fûtes bienveillant.
Vous jetez maintenant un rayon bienfaisant.
Avant, vous répandiez une triste lumière,
Comme un astre du ciel dont la blancheur première
Serait teinte de sang !

(Elle regarde autour d'elle).

　　　　　　Je vois de tous côtés
De nobles chevaliers par vous tous invités !
Le bonheur le plus grand paraît sur leur visage.
Avec pitié pourtant le destin, j'envisage
De celui qui doit seul se cacher et s'enfuir
Quand tout respire ici la joie et le plaisir !　　2140

LE DUC DE BOURGOGNE.

Eh ! Qui donc a commis faute si grossière,
Que d'avoir son pardon de nous il désespère ?

JEANNE.

Peut-il donc s'approcher ? Ah ! Dites qu'il le peut !
Votre parole ici peut tout ce qu'elle veut.
On peut dire sans peur que la paix est bien vaine
Lorsque dans notre cœur se trouve encor la haine.
Quand on choque le verre en signe de pardon,
Si la rancune est là, le vin devient poison.
Les torts qu'on peut avoir si grands qu'on les admette
Ne le sont pas assez dans ce beau jour de fête　　2150
Pour qu'un duc de Bourgogne aille les rappeler.

LE DUC.

Jeanne ! Je vous comprends.

JEANNE.

　　　　　　Voulez-vous pardonner ?
Le voulez-vous, bon Duc ?

(A Duchâtel).
                    Venez dans l'assistance ?
*(Elle ouvre la porte et conduit Duchâtel. Celui-ci se
tient à quelque distance).*

A tous le noble duc a pardonné l'offense.
Ainsi donc avec vous il est réconcilié !

*(Duchâtel se rapproche de quelques pas, et cherche à
lire dans les yeux du duc).*

LE DUC DE BOURGOGNE.

Pourqui donc le passé doit-il être oublié ?

JEANNE.

Un homme généreux accuille tout le monde.
Jamais son noble cœur ne veut qu'on se morfonde.
Le pardon en grandeur ressemble au firmament
Qui comprend notre globe en son beau mouvement. 2160
Le soleil de briller qui jamais ne se lasse
Dirige ses rayons dans les champs de l'espace.
Ses fraiches gouttes d'eau le ciel sait épancher
Sur les plantes qui vont bientôt se dessécher.
Les biens que distribue ici l'Etre suprême,
Sont des biens généraux. Le trésor est le même !
Pourtant dans les recoins règne l'obscurité.

LE DUC DE BOURGOGNE.

Ce qu'elle veut par moi bien vite est adopté.
Mon cœur entre ses mains aujourd'hui s'abandonne.
Approchez Duchâtel ! Bourgogne vous pardonne !   2170
Ame de mon cher père ah ! Ne te fâche pas
Si je serre la main auteur de ton trépas !
Et vous, dieux de la mort que mon âme vénère,
Pardonnez, si je vaincs ma trop juste colère.
Dans les ombres sans fin de l'Eternelle nuit
Où rien ne peut changer, quel est le cœur qui vit ?
Il n'en est plus ainsi dans ce monde visible,

7

Que le soleil éclaire, où l'homme, être sensible
Est victime toujours des coups subits du temps.

    CHARLES (à *Jeanne*),

Comment vous témoigner tous mes remercîments ?   2180
Car le ciel grâce à vous se montre plus propice.
Vite, mon sort changeant, je sors du précipice.
Je regagne aujourd'hui tous mes anciens amis,
Et sur le sol vaincus gissent mes ennemis ;
Des Anglais mes cités sont enfin délivrées,
Et ces belles actions par vous sont opérées !
Comment puis-je envers vous être reconnaissant ?

    JEANNE.

Montrez de la bonté quand vous êtes puissant,
Comme quand vous étiez en proie à l'infortune.
Lorsque de tous côtés vous sourit la fortune,   2190
N'allez pas oublier quelqu'un dans le malheur.
Car l'infortune aussi fit saigner votre cœur.
Sire ! Montrez toujours justice et tolérance
Au dernier des sujets ! Car, pour sauver la France
Le Seigneur a choisi dans les chefs de troupeau.
Sous vous, tous les Français n'auront qu'un seul drapeau.
Vous vaincrez vos aïeux en grandeur, en puissance,
Même le chef glorieux auquel doit sa naissance
Votre illustre maison, et tous vos successeurs
Brilleront beaucoup plus que vos prédécesseurs.   2200
Ils répandront toujours cette vive lumière
Tant qu'en leur cœur vivra la France noble et fière.
La ruine à vos neveux l'orgueil peut attirer.
Dans ce peuple dont Dieu lui-même a su tirer
Un sauveur pour la France, est aussi la menace
Pour les vils descendants, d'une juste disgrâce !

    LE DUC DE BOURGOGNE.

Sainte fille de Dieu qu'illumine un Esprit,
Et qui dans l'avenir si profondément lit,

De ma race veuillez montrer la destinée !
Sera-t-elle toujours vraiment très fortunée ?   2210

JEANNE.

Bourguignon ! Votre siège un trône est devenu :
Et votre orgueil pourtant n'est pas encor repu !
Vous voudriez sans nul doute arriver aux nuages
Mais une main d'En-Haut produira des orages
Qui borneront bientôt ce grand accroissement.
Nul ne verra pourtant finir en ce moment
Votre illustre maison ! Une jeune princesse
Augmentera plus tard son éclat, sa noblesse.
Mais plusieurs souverains craignant pour leur troupeau
Se coaliseront pour creuser son tombeau.   2220
Vos descendants iront s'asseoir sur deux grands trônes.
Ils dicteront des lois à toutes les couronnes.
L'un deux enfin conduit par la main du Seigneur
De nouveaux Océans deviendra possesseur.

CHARLES.

Jeanne ! Ah ! Parlez encor, si l'Esprit vous inspire.
Notre nouveau traité de grâce veuillez dire
S'il durera jusqu'aux descendants éloignés ?

JEANNE (après un moment de silence).

Oh ! Mon maître et mon roi ! Les querelles craignez !
Dans leur antre maudit que leur esprit repose.
Bien lentement se calme une querelle éclose.   2230
Un de vos descendants de fer se montrera.
Le feu, comme l'acier, pour vaincre il emploiera.
Ne me demandez pas d'en dire d'avantage.
Jouissez du présent ! C'est le seul parti sage !

SOREL.

Sainte fille de Dieu ! Vous connaissez mon cœur
Vous savez qu'il recherche avant tout la grandeur.
Montrez-moi l'avenir sous un jour agréable.

JEANNE.

L'Esprit, des Etats seuls me dit le sort durable.
En vous-même Sorel réside l'avenir !

DUNOIS.

Mais vous Jeanne que Dieu voulut toujours bénir
Dites-nous donc le sort que vous devez attendre ?
Au plus beau d'ici-bas vous pouvez bien prétendre
Vous si pieuse et si sainte !

JEANNE.

       Le bonheur immortel
Ne réside qu'au ciel près du père Eternel !

CHARLES.

Votre bonheur dépend de moi dans ma patrie.
Je veux que Jeanne y soit de mes sujets chérie,
Que son nom soit puissant ! dans les temps reculés
Sans doute on vous rendra des honneurs signalés.
Aujourd'hui, c'est moi qui les rends ! Genoux à terre !

(Il tire son épée et rend hommage à Jeanne).

Jeanne ! Restez debout vous qu'ennoblit la guerre !   2250
Ici, moi votre roi, je veux vous retirer
De votre humble origine, et puis vous honorer !
A vos pères défunts j'accorde la noblesse.
La vôtre par des lis s'attestera sans cesse.
En France vous tiendrez ainsi le premier rang,
Seul, le sang des Valois surpasse votre sang.
Le premier de mes pairs vous veut en mariage.
Une union assortie aujourd'hui je m'engage
A vous la procurer !

DUNOIS (s'avance).

       Mon cœur la recherchait
Alors qu'un rang obscur à nos yeux la cachait.   2260
Du mérite l'honneur n'accroit pas l'importance.

Il n'augmentera pas la noble véhémence
De la juste affection que je ressens en moi.
En présence aujourd'hui de mon vénéré roi,
De ce saint archevêque, il me faut bien lui tendre
Ma main, si toutefois je puis encor prétendre
A l'honneur d'être un jour son trop heureux époux.

    CHARLES.

Femme extraordinaire ! On voit toujours en vous
Merveille sur merveille ! En effet il faut croire,
Que vous pouvez en tout remporter la victoire.   2270
Vous avez de ce cœur fini par triompher
Lorsque personne encor n'avait pu le dompter.

    LA HIRE (*se présente*).

Sa plus belle vertu, je crois bien la connaitre,
Est un profond dédain de vouloir trop paraître !
Digne du plus haut rang parmi nos grands seigneurs
Elle n'aspire pas après leurs vains honneurs.
La passion des grandeurs ne peut rien sur son âme
Un simple et noble cœur voilà ce qui l'enflamme.
Oui ! Sire ! Ce qui doit contenter son désir,
C'est le tranquille sort que je viens lui offrir !   2280

    CHARLES.

Et vous aussi, La Hire !... A la noble Pucelle
Viennent offrir leur main, et tous sont dignes d'elle,
Deux héros illustrés par de nombreux combats !
Voulez-vous m'enlever et ce valeureux bras,
Et mon meilleur appui ?... Sa brillante victoire,
D'apaiser le pays obtient déjà la gloire.
A l'un d'entre vous seul peut Jeanne appartenir.
Et vous êtes tous deux dignes de l'obtenir !
Parlez ! Votre opinion doit être bien fixée !

    SOREL (*s'approche d'avantage*).

La noble fille ici me semble embarrassée !   2290
Sur son visage on voit une aimable rougeur.

Que pour se prononcer le temps soit à son cœur.
Qu'elle puisse à quelqu'un donner sa confiance,
Et qu'en ce cœur secret pénètre l'espérance !
Maintenant, je le crois, le temps vient d'arriver
Où devant cette fille en sœur je puis parler.
Je lui offre mon cœur et discret et fidèle.
Et dans une question qui n'embarrasse qu'elle
Je veux, femme moi-même, indiquer un parti.
Mais attendez avant que nous ayons fini.

CHARLES (*sur le point de sortir*).

Soit !

JEANNE.

    Non ! Si la rougeur montait à mon visage
C'était de confusion pardonnable à mon âge.
Pas, pour d'autres motifs ! Car il m'est bien permis
D'avouer à Sorel que toujours je rougis
Quand je me vois placée en présence d'un homme.
J'estime d'un grand prix ces choix de gentilhomme ;
Mais je ne quitte pas mon humble condition ;
Au lieu de rechercher une autre position,
De mettre à mes cheveux les fleurs d'une fiancée
Je vais avec le fer rejoindre notre armée !   2328
Pour un plus beau destin Dieu m'a voulu choisir.
Une pucelle seule a droit de réussir !
Je suis du Tout-Puissant la modeste guerrière,
Jamais je ne serai la compagne vulgaire
D'un mortel quel qu'il soit !

L'ARCHEVÊQUE.

     Il est écrit aux cieux
Que la femme doit l'homme ici-bas rendre heureux.
Si donc en ce moment le Seigneur vous appelle
Soyez à son désir empressée et fidèle.
Quand à l'ordre de Dieu vous aurez satisfait

En brillant au combat par quelqu'autre haut fait.   2320
Vous pourrez bien alors et déposer vos armes,
Et rentrer dans l'état sujet à moins d'alarmes,
Etat abandonné dont le destin n'est pas
De répandre le sang au milieu des combats.

JEANNE.

Mon révérend Seigneur, je ne puis encor dire
Ce que de moi l'Esprit pour l'avenir désire.
Si le temps le permet il le fera savoir,
Et pour moi d'obéir ce sera le devoir.
De terminer mon œuvre il veut bien me permettre.
Une couronne manque au front de mon bon maître.   2330
L'huile Sainte on n'a pas sur sa tête versé !
Et le Dauphin n'est pas encore roi proclamé !

CHARLES.

De Reims nous projetons de prendre enfin la route.

JEANNE.

Ne restons plus oisifs. Car l'ennemi sans doute
Se montre autour de nous plein d'audace et d'entrain,
Pour pouvoir sans tarder nous barrer le chemin.
Au milieu de ses rangs je veux tous vous conduire.

DUNOIS.

Quand votre œuvre divine aura pu se produire,
Que les Français à Reims seront entrés vainqueurs
Qui pourrait empêcher l'union de nos deux cœurs ?   2340

JEANNE.

Quand j'aurai moissonné les lauriers de la gloire,
Je dois abandonner les champs de la victoire
Pour obéir au ciel et remplir ma mission.
La bergère au palais n'aura plus de fonction.

CHARLES (*lui prenant la main*).

Oh ! Jeanne ! Maintenant c'est l'Esprit qui vous guide,
L'amour humain se tait chez vous où ne respire

Que l'amour du Seigneur ! Mais cela changera.
Ce qui ne vous dit rien plus tard vous parlera.
Vous rentrerez bientôt dans la sanglante arène.
Mais la victoire aussi qui la paix nous amène   2350
De joie en même temps viendra remplir nos cœurs.
Les pensers les plus doux règneront en vainqueurs.
Ces sentiments viendront inonder tout votre être.
Dans ce transport nouveau qui saisit et pénètre
Plus que jamais des pleurs vos yeux voudront verser.
Et celle que le ciel pouvait seul embraser
Pour un terrestre objet voudra donner son âme.
Votre cœur animé d'une céleste flamme
A fait bien des heureux grâce au fer triomphant.
L'un d'eux il le fera par son charme puissant !   2360

    JEANNE.

Dauphin ! Rejetez-vous la protection divine
Pour aller mépriser ainsi son héroïne,
Celle qui du Seigneur parmi vous est le bras
Pour lui faire goûter les plaisirs d'ici-bas ?
Il faut pour ne pas voir cette gloire immortelle
Que vos yeux soient fermés, que votre foi chancelle.
Il étale aux regards des faits prodigieux,
Et vous ne voyez pas en moi le bras des cieux ?
Je ne suis qu'une femme ! Une femme peut-elle
Sans le secours d'En-Haut, par sa force mortelle,   2370
Avec une cuirasse assister aux combats,
Aller avec le glaive affronter les soldats !
Eh ! Quoi ? Moi l'instrument des vengeances célestes
J'irais donner mon cœur à des objets terrestres
Pour mettre de côté des ordres tout puissants ?
Mieux vaut ne pas compter au nombre des vivants.
N'ajoutez pas un mot à ce que je viens de dire,
Vous pourriez irriter cet esprit qui m'inspire.
Je sens dans tout mon être et honte et confusion
Qu'un mortel songe à moi pour but de son union !   2380

CHARLES.

Je n'insisterai pas !.. Faites à votre tête !

JEANNE.

Sire que par votre ordre on sonne la trompette.
Cette trêve aux combats n'a pu que m'attrister.
Ce repos je le sens hors de moi m'emporter.
D'achever mon travail il faut que je me presse.
De remplir mon destin ainsi j'ai la sagesse !

SCÈNE CINQUIÈME.

On apprend une attaque des Anglais. — Jeanne et le roi
se disposent à la repousser. — Un chevalier arrive en
estafette.

CHARLES.

Qu'est-ce ?

LE CHEVALIER.

Nos ennemis la Marne ont traversé,
Et pour livrer bataille, ils ont tout disposé.

JEANNE (enthousiasmée)

Bataille ! Quel bonheur ! Car prête est notre France.
Debout ! je vais ranger l'armée en conséquence.   2390
                              (Elle sort)

CHARLES.

La Hire ! Suivez-la ! Nous allons essayer
De pénétrer dans Reims, de m'y voir couronner.

DUNOIS.

Désormais l'ennemi n'a plus de vrai courage !
Il n'a que désespoir ! Il n'a que de la rage !

CHARLES.

Bourgogne ! En ce moment je ne vous presse pas.
Ce jour paraît devoir nous tirer d'embarras.

LE DUC DE BOURGOGNE.

Je veux vous satisfaire.

CHARLES.

Au chemin de la gloire,
Je veux donc vous conduire, afin que la victoire
Que je vais remporter aux yeux de l'habitant,   2400
De mon couronnement me soit un sûr garant.
Agnès ! Ton chevalier la santé te désire.

AGNÈS (*l'embrasse*).

Non ! Pas le moindre effroi votre départ m'inspire.
Aussi pourquoi pleurer ? Mon espoir monte aux cieux.
Celui qui fut pour nous si miséricordieux
Peut-il à ses bienfaits poser une limite ?
Mon cher maître aujourd'hui radieuse je vous quitte
Espérant de vous voir de gloire environné
Dans votre Reims conquis être enfin couronné !   2410

> (*Les trompettes se font entendre avec force pendant
> que tout change et se transforme en spectacle guer-
> rier. L'orchestre arrive sur la scène, et entre avec
> instruments de guerre*).

SCÈNE SIXIÈME.

Changement de scène. On voit une contrée découverte
bornée par des arbres. — Pendant que la musique joue,
des soldats traversent rapidement le fond de la scène. —
Mort de Talbot. — Talbot appuyé sur Fastolf et accompa-
gné de soldats. — Bientôt après Lionel.

TALBOT.

Sous ces arbres ici je veux que l'on me place.
Quant à vous au combat reprenez votre place.
Je n'ai besoin de rien maintenant pour mourir...

FASTOLF.

Oh ! Le malheureux jour qui nous fait tant gémir !
(*Lionel arrive*).

Vous voyez Lionel, un bien triste spectacle.
Votre chef ne peut vivre aujourd'hui sans miracle.

LIONEL.

Veuille le Tout-Puissant épargner ce malheur !
Général ! Il vous faut surmonter la douleur.
Le temps n'est pas venu de quitter cette terre.
Vous devez résister pour terminer la guerre.   2420
A la nature enfin dictez vos volontés
Pour qu'un jour les Français par vous se voient domptés !

TALBOT.

C'est en vain ! En effet, malgré moi je soupçonne
Que ce jour aux Anglais fait perdre une couronne.
En vain j'avais voulu par ce furieux combat
Eviter ce moment où l'Anglais se débat.
Du soleil recherchant l'agréable lumière
Je repose en ce lieu pour ma halte dernière.
Reims pour le peuple Anglais est perdu pour toujours.
De Paris hâtez-vous de courir au secours !   2430

LIONEL.

Paris à son Dauphin a promis de se rendre.
Un courrier à l'instant ce fait vient nous apprendre.

TALBOT (*déchirant l'appareil de sa blessure*).

Qu'il coule en liberté le ruisseau de mon sang !
Désormais le soleil me devient fatiguant.

LIONEL.

Je ne puis plus rester ! Transportez je vous prie
Talbot où l'on n'ait rien à craindre pour sa vie.
Des coups de l'ennemi nos soldats mal traités
Loin du champ de bataille ont fui de tous côtés.
La Pucelle les suit sans trouver résistance.

TALBOT.

A la folle, victoire ! A moi, point d'espérance !　　　2440
Que dis-je ? On voit les dieux combattre pour un sot.
Oh ! Sublime raison ! Oh ! Fille du Très-Haut,
De ce bel univers puissante créatrice,
Du mouvement des cieux sage régulatrice,
Qu'es-tu dans ce moment où les chevaux fougueux
D'un monarque insensé te placent avec eux.
Et tu voudrais en vain quelque secours attendre
Comme le soûl tu dois dans le tombeau descendre.
Qu'il soit honni celui qui veut à chaque instant
Occuper son esprit d'un objet noble et grand,　　　2450
Qui veut mûrir les plans de son intelligence.
L'Univers appartient au plus fort en démence !

　　LIONEL.

Bientôt aura fini de battre votre cœur !
En ce moment pensez à votre créateur !

　　TALBOT.

Si par d'autres guerriers nos égaux en courage
Nous subissions ainsi le plus sanglant outrage,
Nous nous consolerions par le commun destin.
Car la fortune à tous offre un jour son festin !
Mais tomber comme nous, c'est vraiment trop risible.
J'éprouve en ce moment une peine sensible　　　2460
D'avoir tant fatigué pour me voir expirer
D'une façon si drôle !

　　　　　LIONEL (*lui prend la main*).
　　　　　　　　Il faut nous séparer !
Croyez ! Je vous paierai le tribut de mes larmes,
Lorsque l'armée anglaise aura posé ses armes,
Si je ne tombe pas victime de la mort !
Mais le destin m'appelle où se règle le sort
De chacun d'entre nous. Adieu pour l'autre monde !
C'est un adieu bien court pour une amitié longue !

TALBOT.

Bientôt je vais toucher à mon dernier moment.
Je vais rendre à la terre, au soleil Tout-Puissant   2470
Les atomes reçus pour la vie et les larmes,
Et, du guerrier Talbot qui causa tant d'alarmes
Dont le nom fut connu de tout le genre humain
A peine il restera de quoi remplir la main !
Ainsi, chacun de nous finit sa destinée !
Et, tout ce que l'on a de la vie écoulée,
C'est l'aspect du néant, le plus profond mépris
Des objets pour lesquels nos cœurs s'étaient épris !

SCÈNE SEPTIÈME.

Le Dauphin Charles rend les derniers devoirs à Talbot.

**CHARLES, LE DUC DE BOURGOGNE, DUNOIS, DUCHATEL
ET DES SOLDATS ARRIVENT.**

LE DUC DE BOURGOGNE.

Le fort est emporté !

               DUNOIS.

                    Nous avons la victoire !

CHARLES (*apercevant Talbot*).

Voyez quel est ce chef ? Certes, il faut bien croire   2480
Qu'il repose par force aux rayons du soleil.
Et cette belle armure et ce riche appareil
N'indiquent pas, ce semble, un guerrier ordinaire ;
Aidez-le, s'il n'est pas à son heure dernière.

(*Des soldats de la suite du roi s'approchent de Talbot*).

FASTOLF.

Veuillez vous éloigner ! il désire mourir !
Il ne veut pas qu'on vienne ici le secourir !

LE DUC DE BOURGOGNE.

Qu'est-ce ? Talbot ! De sang sur sa couche baignée.
(Il s'approche. Talbot le fixe un instant et meurt).

FASTOLF.

Bourgogne ! Eloignez-vous ! Car son âme indignée
Ne saurait voir de traître en un pareil moment.

DUNOIS.

Redoutable Talbot ! Oh ! Guerrier si vaillant !   2490
Tu remplis aujourd'hui une bien faible place.
Ta mort pour mon pays est une grande grâce.
Rien ne pouvait plutôt finir ses divisions.
Sire ! Moi le premier de tous vos compagnons,
Je vous proclame roi ! Vous n'étiez pas solide
Tant qu'une âme habitait dans ce corps intrépide.

CHARLES (*contemple quelque temps le mort en
silence*).

Talbot succombe aux coups d'un plus puissant que nous.
Il est là reposant malgré tout son courroux.
Sous sa tête, il me semble, aussi qu'on voulut mettre
Le bouclier témoin des hauts faits de son maître.   2500
Ainsi, son compagnon ne l'aura pas quitté.
(Des soldats prennent le cadavre et l'emportent)
Paix à sa cendre ! Aussi qu'un tombeau distingué
Lui soit vite élevé ! Dans le pays de France
Qu'il trouve le repos gagné par sa vaillance !
Car il mourut en brave en ce dernier assaut !
Son nom aucun Anglais ne put porter si haut !
Qu'on place l'épitaphe où la mort vint le prendre !

FASTOLF (*rend son épée*)

Votre prisonnier son arme ici vient rendre !

CHARLES (*lui rendant son épée*).

Il n'en est pas ainsi ! Car, malgré sa rigueur,
A l'homme généreux la guerre doit honneur !   2510

Je veux que vous suiviez votre chef à sa tombe.
Vous, Duchâtel, allez, pour qu'Agnès ne succombe
Aux craintes qu'elle éprouve à cause de nous tous.
Dites-lui que le ciel toujours clément et doux
Nous a laissé la vie ainsi que la victoire.
Faites qu'Agnès à Reims partage notre gloire !

(Duchâtel sort).

SCÈNE HUITIÈME.

Les chevaliers Français volent au secours de Jeanne.

LA HIRE ET LES PRÉCÉDENTS.

DUNOIS (à *La Hire*).

Où donc est la Pucelle en ce sérieux instant ?

LA HIRE.

Mais je viens de la voir près de vous combattant.
Je puis vous demander ce qu'elle est devenue.   2520

DUNOIS.

Je la croyais par vous cependant soutenue,
Lorsque j'ai dû me rendre en hâte auprès du roi.

LE DUC DE BOURGOGNE.

Naguère je voyais non sans un grand effroi
Flotter sur des corps morts sa brillante bannière.

DUNOIS.

Malheur à nous Français ! Je crains pour la guerrière.
Pour aller la sauver marchons avec ardeur.
Trop loin aurait bien pu l'emporter sa valeur !
Combattant toujours seule et d'Anglais entourée,
Elle est en ce moment par le nombre écrasée !

CHARLES.

Ah ! Vite ! Sauvez-là !

LE DUC DE BOURGOGNE.

                Moi je vous suis ! Allons !
Mais, vous n'êtes pas seul ! Nous tous nous vous sui-
     (Ils s'éloignent).   vons.   2530

SCÈNE NEUVIÈME.

On voit une autre partie du champ de bataille d'où l'on
découvre dans le lointain les tours de Reims éclairées par
le soleil. — Le chevalier noir engage l'héroïne à ne plus
se risquer dans aucune bataille. — Un chevalier revêtu
d'une noire armure, la visière baissée. Jeanne le poursuit
sur la scène où il s'arrête et l'attend.

JEANNE.

Fourbe ! Tu ne peux pas éviter ma poursuite.
Mais, bien loin du combat, tu sus par cette fuite
M'attirer un instant, arrêter mes succès,
Arracher à la mort un grand nombre d'Anglais.
Ta perte cependant tu rends par là certaine.

LE CHEVALIER NOIR.

Pourquoi me poursuis-tu si dure et si hautaine ?
Car je ne suis pas fait pour périr de ta main.

JEANNE.

Pour toi j'ai dans mon cœur un mépris souverain.
Je hais dans toi la nuit dont tu m'offres l'emblème
Te percer de mon fer serait ma joie extrême.   2540
Qui donc est-tu ? Fais donc ta visière baisser !
N'ayant pas vu Talbot dans la lutte tomber
Je pensais que ce chef alors tu devais être !

LE CHEVALIER NOIR.

Ton esprit prophétique est près de disparaître.

DUNOIS.

Ce mot est pour mon âme un glaive de douleur.
Toi que je vois ici fantôme de malheur.

LE CHEVALIER NOIR.

Jeanne d'Arc ! Oui ! Bientôt par ta grande victoire
Tu marcheras dans Reims éclatante de gloire !
De ce prestige au moins veuille te contenter !
Congé ne manque pas au sort de présenter   2550
Avant que pour un autre un jour il te délaisse.
Quel est le général que toujours il caresse ?
Car le bonheur ne peut demeurer enchaîné !

JEANNE.

Qui donc es-tu ? Pour moi tu parais bien osé
De vouloir m'arrêter au fort de ma carrière,
Et pour que j'abandonne une œuvre noble et chère.
Cette œuvre je saurai la conduire à sa fin.
Je tiendrai ma promesse avec l'Esprit divin.

LE CHEVALIER NOIR.

Rien n'a pu t'arrêter jusqu'ici dans l'arène.
Ton bras victorieux fauche tout dans la plaine.   2560
Ne vas plus t'exposer ! Pour ce que je prévois,
Aujourd'hui garde toi de mépriser ma voix !

JEANNE.

Tu ne me verras pas abandonner la guerre
Avant d'avoir brisé la superbe Angleterre.

LE CHEVALIE NOIR.

Regarde ! Devant toi Reims est avec ses tours.
De tes brillants succès là doit finir le cours.
La Cathédrale aussi nous montre sa coupole.
Portant de la valeur la superbe auréole,
Tu viendras couronner ton monarque hautain.
Dans Reims en même temps finira ton destin !   2570
Allons ! Retire toi ! Crois en à ma parole !

JEANNE.

Quel est donc cet esprit et trompeur et frivole
Qui depuis si longtemps cherche à m'indisposer ?

8

Es-tu donc si puissant pour vouloir m'imposer
Ta fausse prédiction ?

(*Le chevalier noir veut s'en aller ! Elle le suit*).

Non ! Non ! Tu dois te rendre !
Si non dans le tombeau ma main va te descendre !

(*Le chevalier noir la touche avec la main. Elle reste
immobile.*)

Oui ! Qu'il meure celui qui n'est pas immortel !

(*Nuit ! Eclairs et tonnerre. Le chevalier disparaît*).

JEANNE. (*reste quelque temps étonnée, et puis elle
se remet*).

Sans doute, ce guerrier n'était pas un mortel !
C'était un habitant de l'infernal abîme
De sa rébellion déplorable victime !   2580
Sans doute il a quitté ce gouffre de douleur
Pour venir aujourd'hui troubler mon pauvre cœur !
Avec le bras de Dieu que pourrais-je donc craindre ?
A borner mes succès qui pourrait me contraindre ?
Quand bien même j'aurais à combattre l'Enfer
Le Seigneur fournirait et le cœur et le fer.
Non ! Non ! Je ne crains rien ! Quelque soit l'adversaire
Dieu saura bien donner victoire à la bergère !

(*Elle veut s'éloigner*).

SCÈNE DIXIÈME.

Jeanne épargne Lionel et oublie la promesse qu'elle a
faite de ne jamais aimer.

LIONEL, JEANNE.

LIONEL.

Maudite ! Il faut aller sur le champ au combat.
Nous ne survivrons pas tous deux à ce débat.   2590
La fleur de nos guerriers par toi fut immolée.

De Talbot sur mon sein l'âme s'est envolée.
Je désire venger sa regrettable mort,
Si non j'aurai content subi le même sort.
Pour que tu saches bien à qui tu dois la gloire,
Qu'il meure de ta main ou qu'il ait la victoire,
Moi je suis Lionel, le dernier chef Anglais.
Ce bras n'a remporté que d'éclatants succès !

(Il lui porte un coup d'épée. Après un court combat,
Jeanne le désarme.)

Oh ! fortune traitesse ! (Il lutte avec elle).

JEANNE (le saisit par son panache et lui tire le casque avec tant de force que Lionel est tout défiguré;
elle prend l'épée avec la main droite).

Ah ! Vois ta fin cruelle !
Par ma main aujourd'hui t'immole la Pucelle !

(Dans ce moment, elle aperçoit le visage de Lionel, elle
en est frappée; elle reste quelque temps immobile, et
laisse tomber son bras)

LIONEL.

Pourquoi balances-tu ? Frappe le coup mortel !
Enlève moi la vie et mon nom immortel !
Et, le sort aujourd'hui qui sous ta main me place,
Ne fera pas du moins que je demande grâce !

(Elle lui fait signe avec la main de s'éloigner.)

Dois-je donc m'éloigner, ou faut-il l'attendrir
Sur mon funeste sort ? Non ! Non ! Plutôt mourir !

JEANNE (lui jetant un regard furtif).

Je ne veux pas savoir qu'il fut en ma puissance
D'immoler Lionel !

LIONEL.

Non ! Non ! Pas de clémence !
Immole Lionel ! Car il doit te haïr !
Et d'ailleurs avec toi c'était pour en finir !

2610

JEANNE.

Non ! Tu vas me tuer, et tu prendras la fuite.

LIONEL.

Qu'es-ce ?

JEANNE (*se cachant le visage*).

Malheur à moi !

LIONEL (*se rapproche*).

Quelle étrange conduite ?
Tous les vaincus, dit-on, sont immolés par toi.
Pourquoi faire exception uniquement pour moi ?

JEANNE (*lève son épée avec un grand mouvement
contre lui, mais quand elle rencontre son regard,
elle la laisse tomber*).

La Pucelle !

LIONEL.

Pourquoi nommes-tu la Pucelle ?
Tu ne sais rien par toi !... La lumière éternelle
Ne t'a pas éclairée.

JEANNE (*en proie à de vives angoisses*).

Eh ! Quoi ? J'irais changer,
Et ma belle promesse en ce jour oublier ?
(*Elle se tord les mains*).

LIONEL *la regarde avec compassion et se rapproche*).

Ah ! Malheureuse fille ! Il faut ici te plaindre !
Je sens mon cœur touché ! Car tu veux bien enfreindre 2620
Pour moi seul cette loi d'immoler les Anglais.
Je sens qu'en moi la haine a cessé ses accès.
Oui ! Je prends en pitié ta cruelle infortune.
Fille ! Qui donc es-tu ? Souffre que j'importune !

JEANNE.

Vat-en ! Eloigne-toi !

LIONEL.

Ta céleste beauté,

Et ta vie en sa fleur m'ont fort impressionné !

Tes dehors ravissants ont un singulier charme.

Je voudrais loin de toi dissiper toute alarme.

Dis-moi donc au plutôt quel dessein je tentais.

Dépose l'appareil guerrier que tu portais.   2630

Jette cette arme aussi comme objet inutile.

JEANNE.

A porter cet acier tu me crois inhabile ?

LIONEL.

Bien vite en ce moment veuille tout éloigner,

Et tu pourras sans crainte alors m'accompagner.

JEANNE (avec surprise.)

Te suivre ?

LIONEL.

Oui ! Tu peux avoir ta délivrance.

Suis-moi !... Par ce moyen remplis mon espérance.

Fais vite ! Sur ton sort je sens gémir mon cœur !

Aussi je voudrais bien devenir ton sauveur !

(Il lui prend le bras.)

JEANNE.

Voici Dunois !... C'est eux... Ils sont à ma recherche.

S'ils te trouvaient présent !

LIONEL.

Je suis ici ! Qu'on cherche !   2640

JEANNE.

Je mourrais de te voir succomber sous leurs coups.

LIONEL.

Tu m'aimes ?

JEANNE.

Juste ciel !

LIONEL.

Ce visage si doux

Dois-je un jour le revoir, entendre ton langage.

JEANNE.

Non ! Non ! Jamais !

LIONEL.

Ce fer est pour moi comme un gage

De te revoir un jour !

(Il lui prend son épée).

JEANNE.

Tu voudrais donc l'avoir !

LIONEL.

Je cède ! C'est par force ! A bientôt au revoir !

SCÈNE ONZIÈME.

La Hire et Dunois arrivent au secours de Jeanne.

DUNOIS ET LAHIRE, JEANNE.

LA HIRE.

Elle vit !... C'est bien elle !

DUNOIS.

Ah ! Jeanne ! Point de crainte !

Car vos amis sauront vous mettre hors d'atteinte.

LA HIRE.

N'est-ce pas Lionel qui me paraît s'enfuir ?

DUNOIS.

Laissez-le ! La victoire au bon droit vient s'unir.   2650

Reims aussi s'est rendu. Par sa grande affluence,

Le peuple au roi se montre heureux de sa présence.

LA HIRE.

Mais, qu'à donc la Pucelle ? Elle se trouve mal.

(Jeanne pâlit et va tomber en défaillance).

DUNOIS.

Quelqu'un l'aura blessée en combat inégal.
Qu'on ouvre sa cuirasse et qu'on porte remède.
La blessure est au bras. Aisément elle cède !

LA HIRE.

Par cet endroit le sang me semble bien couler !

JEANNE.

Qu'avec le sang mon âme on laisse s'envoler !
(Elle tombe dans les bras de La Hire).

ACTE QUATRIÈME

Une salle décorée pour la fête. Les colonnes sont entourées de guirlandes. On entend derrière la scène les flûtes et les hautbois.

SCÈNE PREMIÈRE.

Monologue de Jeanne. — Ses regrets.

JEANNE.

Le glaive est au repos ! Tous les bruits guerriers cessent.
Pour la danse et le chant les batailles se laissent.   2660
A travers chaque rue on trouve un chœur joyeux.
Les temples éclatants apparaissent aux yeux.
Reims entoure ses arcs d'une verte parure.
Les colonnes ont pris leurs fleurs à la nature,
Et la ville ne peut dans ses vastes remparts
Loger les voyageurs venus de toutes parts.
La joie ici de tous le visage illumine.

Le même sentiment dans tous les cœurs domine.
Ceux qu'excitait jadis une noire fureur,
Eprouvent maintenant l'universel bonheur.   2670
Ceux qui par quelque lien à la France appartiennent
A ce nom aujourd'hui plus fortement se tiennent.
La couronne reprend un éclat tout nouveau.
Pour le fils de nos rois reluit un jour si beau.
Et moi de ce bonheur la principale cause,
Je ne sens pas qu'en moi mon âme s'y repose,
Mon cœur en ce moment est tout-a-fait changé.
Depuis quelques instants ces lieux il a quitté,
Et, voyant sans bonheur cette réjouissance
Plus au camp des Anglais il pense en son absence.   2680
Mon esprit va trouver le chef des ennemis,
Et j'expie une erreur bien loin de mes amis !

      Eh ! Quoi !... Dans ma pure poitrine
      Je ressens les traits d'un mortel ?
      Ce cœur à la grâce divine
      Préférerait l'amour charnel !
      Moi le sauveur de ma patrie,
      Moi le fier guerrier de Sion,
      Je pourrais donc être ravie
      D'un ennemi de ma nation !
      Pourrais-je dans ce cas extrême
      Nommer seulement le soleil !
      Devrais-je pas de honte même
      Tomber dans l'éternel sommeil !

*(La musique derrière la scène devient de plus en
   plus douce et mélodieuse).*

      Hélas ! Qu'elle douce harmonie !
      Comme elle vient flatter mes sens !
      Tout rapelle sa voix bénie.
      C'est son image que je sens.
      Le bruit strident de la bataille

Le fer résonne au tour de moi.   2700
Comme au milieu de la mitraille,
Je brâve la crainte et l'effroi !
Ces douces voix, leur mélodie
Me causent de vives douleurs
Et jusquà mon âme attendrie,
Se changent en soupirs, en pleurs !

      (Après une pause elle est plus animée.)

Devais-je le tuer ? Le pouvais-je, touchée
Par sa vue ? Ah ! Plutôt ma poitrine oppressée
J'aurais sans doute alors percé du fer cruel.
Est-ce donc si fautif d'épargner en duel ?   2710
La compassion fautive. Ah ! Cette voix puissante
Tu ne l'entendis pas quand ta main frémissante
Immolait en un jour tant de guerriers Anglais !
Cette voix dans ton cœur eut-elle quelque accès
Quand le jeune Gallois t'implorait pour sa vie !
Cœur trompeur ! En ce jour crois-tu donc obscurcie
L'Eternelle lumière ? Oh ! Non ! Ce ne fut pas
La voix de la pitié qui détourna ton bras.
Devais-je donc fixer son ardente prunelle
Pour éprouver bientôt cette flamme cruelle ?   2720
Avec ce doux regard commença ton malheur.
Un aveugle instrument provoqua le Seigneur.
Pouvais-tu perdre ainsi son bras si secourable,
Pour tomber aussitôt dans les pièges du diable ?

      (Les flûtes reprennent la mélodie. Jeanne retombe
      dans une morne tristesse).

    Douce houlette ! Ah ! Plut au ciel
    Qu'un fer ne t'eut pas échangée.
    Jamais ton abri paternel,
    Chêne sacré ! Ne m'a troublée.
    Ah ! Je ne pourrai plus vous voir
    Des cieux vous la puissante reine.   2730

Prenez ! Je ne puis plus l'avoir,
Votre immaculé diadème.
Je vis le ciel dans sa splendeur,
Je contemplai le chœur des anges.
Ici maintenant est mon cœur,
Il n'est plus avec ces phalanges !
Deviez-vous ainsi me choisir
Pour un travail aussi pénible ?   2740
Pouvais-je toujours endurcir
Ce cœur par Dieu créé sensible.
Voulant votre force montrer,
Prenez ceux qui libres de faute,
Au ciel sont heureux de règner.
Prenez pour une œuvre si haute
Un esprit pur, un immortel.
Ils ne sentent rien de la terre !
Pour les œuvres de l'Eternel,
Ne prenez pas une bergère.   2750
Suis-je destinée aux combats,
A finir des rois la querelle ?
Loin des soucis, de ces débats
Je gardais mon troupeau fidèle
Sur de verdoyantes hauteurs.
Je vins à la cour orgueilleuse
Qui me causa tous ces malheurs.
De mon choix ? Non !... J'étais heureuse !

SCÈNE SECONDE.

Témoignages de reconnaissance et de tendre affection
prodigués à Jeanne par Agnès Sorel.

AGNÈS SOREL, JEANNE.

SOREL (*arrive en proie à une vive émotion. En
apercevant la Pucelle, elle se dirige avec empres-
sement vers elle et lui saute au cou. Elle réfléchit
un instant, et puis elle tombe à ses pieds*).

Non ! Pas comme cela !. . Par terre devant vous !

JEANNE (*veut la relever*).

Que devient la distance existant entre nous ?   2760

SOREL.

Laissez-moi ! L'impression de ma trop juste joie
Fait qu'en ce doux moment à vos pieds je me ploie.
Devant Dieu j'ai besoin d'épancher tout mon cœur,
J'implore l'invisible en parlant au sauveur.
Car vous êtes pour moi l'ange de Dieu lui-même.
Mon maître vous doit Reims ainsi qu'un diadème.
Je vois réalisé ce qu'on ne pensait voir.
On s'apprête aujourd'hui à fêter le pouvoir.
Le roi revêt les beaux ornements de son trône.
De tous côtés les pairs, les grands de la couronne
Arrivent pour porter les insignes du roi.
L'église se remplit d'une foule en émoi.
Avec les chœurs joyeux, la cloche on peut entendre,
Donc ma joie au dehors de mon cœur doit s'étendre.

(*Jeanne la relève avec douceur. Agnès Sorel fixe un
regard sur elle, et puis se rapprochant d'avantage
la regarde dans les yeux*).

Cependant vous gardez votre austère froideur.
Personne ne vous voit partager le bonheur
Que vous nous avez fait ! La joie universelle

N'est rien pour votre cœur. La splendeur éternelle
A lui devant vos yeux ! Vous devez mépriser
Ce qu'ici les mortels sut toujours embraser !   2780

    (Jeanne lui prend la main avec empressement. Mais
      bientôt elle la laisse aller !)

De mon sexe il vous faut ressentir tous les charmes.
Mettez donc de côté la cuirasse et les armes !
Nous n'avons plus de guerre ! Ah ! Montrez-vous à nous
En prenant les dehors d'un sexe bien plus doux.
Loin de vous se tiendra mon cœur plein de tendresse
Tant que vous montrerez de Pallas la rudesse.

    JEANNE.

Qu'attendez-vous de moi ?

                SOREL.

            Qu'enfin sans cet acier
Nous puissions tous vous voir et sans ce bouclier !
L'amour n'ose approcher d'une telle poitrine
Ah ! Puisse aussi l'amour enflamer l'héroïne !   2790

    JEANNE.

Eh ! Quoi ! L'on me verrait mes armes déposer
Pour aller à la mort ma poitrine exposer ?
Non ! Qu'un sextuple fer mette à l'abri mon âme
Et de tous vos plaisirs et de ce qui l'enflamme !

    SOREL.

Dunois ressent pour vous une vive affection,
Son cœur éprouve même une forte passion
Pour l'illustre héroïne ! Il est pour vous plus tendre
Que dans tous ses dehors il ne veut le prétendre !
S'il est beau d'inspirer au héros de l'amour,
Il est encor plus beau de l'aimer à son tour.   2800

    (Jeanne se détourne avec horreur).

Vous le haïssez donc ?... Non ! Vous pourriez paraître
Ne rien sentir pour lui dans le fond de votre être.

Mais autrement pourquoi pourriez vous le haïr ?
Nous haïssons ceux qui cherchent à nous ravir
Le bien aimé ! Qui donc excite votre flamme ?
Non ! Votre cœur est froid ! Plut au ciel que votre âme
Pût sentir à son tour !

JEANNE.

Ah ! Déplorez mon sort !

SOREL.

Eh ! Qui donc aujourd'hui pourrait vous faire tort ?
Vous avez bien rempli votre noble promesse.
La France en liberté se livre à l'allégresse.   2810
Vous conduisez le roi dans sa vieille cité,
Où sous les yeux du peuple il sera couronné.
En vous voyant remplir une mission si belle
Qui vous met au-dessus de toute autre mortelle,
Le peuple est bien heureux d'aller vous honorer
Votre juste louange en tous lieux d'entonner !
Oui ! Vous êtes vraiment reine de cette fête !
Tant ce jour sur le roi d'éclat radieux projette !

JEANNE.

Puissè-je me cacher dans quelque antre inconnu !

SOREL.

Que pouvez-vous avoir ? Qu'est-il donc survenu ?   2820
Qui pourrait aujourd'hui manifester la joie,
Quand votre âme paraît à quelque peine en proie !
Jeanne ! En votre présence ah ! Laissez-moi rougir
D'être si peu de chose en voyant resplendir
Votre cœur de héros ! Non ! Jamais malheureuse
Je ne pourrai franchir la hauteur prodigieuse
Où vous nous paraissez ! Que suis-je devant vous ?
Ni l'honneur du pays qui rejaillit sur tous,
Ni ce nouvel éclat que répand la couronne
Ni le bonheur commun qui sur les fronts rayonne   2830

Ne sauraient occuper autant ce faible cœur !
Un seul peut le remplir et faire son bonheur !
Un seul peut par son nom dissiper ma tristesse !
C'est celui que le peuple acclame d'allégresse,
Qu'il bénit, pour lequel la terre en ce beau jour
Il émaille de fleurs !... Enfin, c'est mon amour !

JEANNE.

Oh ! Vous êtes heureuse ! Et le Seigneur lui-même
Daigne aussi vous bénir ! Car je vois, il vous aime !
Votre cœur peut s'ouvrir, confier ses transports,
Et libre vous portez vos regards au dehors !   2840
En fêtant votre roi, vous fêtez sa tendresse.
Ce peuple qui nombreux autour de vous s'empresse
Partage votre amour et le rend plus sacré !
Oui ! Votre souverain en vous est couronné !
Plus que nous vous sentez l'allégresse commune.
Vous aimez ce soleil qui calme l'infortune ;
Dans ce que vous voyez rayonne votre amour !

SOREL (sautant à son cou).

Vous me rendez heureuse en ce superbe jour !
Vous me comprenez bien ! Je vous ai méconnue !
Car de vous l'affection paraît aussi connue !   2850
Ce que j'éprouve en moi vous dites fortement
Mon cœur n'hésite plus et c'est très librement
Qu'il se confie au vôtre.

JEANNE.

                    Ah ! Laissez cette étreinte !
Détournez-vous de moi ! Ne soyez pas contrainte
De garder plus longtemps un contact criminel.
Allez et jouissez d'un bonheur éternel.
Puissè-je, quant à moi, dans une nuit bien prompte
Cacher à tout jamais mon horreur et ma honte !

SOREL.

Vous m'effrayez ! Non ! Non ! Je ne vous comprends pas.
J'ignore de votre âme aujourd'hui les débats.   2860
Jamais je n'ai compris votre sombre nature.
Qui pourrait supposer que votre âme si pure
Ne puisse s'accorder avec les nobles cœurs ?

JEANNE.

Vous êtes vous la pure ! En effet mes douleurs
Je les dis maintenant ! Fuyez, sans plus paraître
Devant celle qui n'est qu'un ennemi, qu'un traître !

SCÈNE TROISIÈME.

Egarement de Jeanne au moment où l'on va la chercher
pour assister au sacre du roi.

DUNOIS, DUCHATEL ET LA HIRE
AVEC L'ÉTENDARD DE JEANNE D'ARC.

DUNOIS.

Jeanne ! Nous vous cherchons ! Maintenant tout est prêt.
Vers vous le roi m'envoie, et c'est son ordre exprès
Qu'on vous voie avant lui porter votre bannière,
Des princes occuper la place la première ;   1870
Enfin que vous soyez tout près du souverain !
Il veut bien reconnaître avec un cœur serein
Que s'il fête radieux cette belle journée
L'honneur en vient à vous qui nous l'avez donnée !

LA HIRE.

Voici votre drapeau ! Portez-le sans effroi !
C'est le désir du peuple et de votre bon roi.

JEANNE (*devant le roi*).

J'irai devant le roi moi porter la bannière ?

DUNOIS.

A qui plutôt qu'à vous cette enseigne guerrière
Pourrions-nous confier dans un pareil moment ?
Quelle autre main pourrait aujourd'hui décemment   2880
Arborer l'étendard ? Comme dans la tristesse,
Veuillez donc le porter au sein de l'allégresse !

    (*La Hire veut lui offrir la bannière. Elle se détourne
      avec effroi*).

    JEANNE.

Loin de moi ! Loin de moi !

    LA HIRE.

                Qu'est-ce que vous avez ?
Votre drapeau vous fait donc peur ? Mais regardez !
Le même vous portiez jadis dans la victoire.
La reine des élus, reine pleine de gloire
Y paraît sous ses pieds notre globe fouler.
La mère du Sauveur daigna le révéler.

    JEANNE. (*tremblant d'effroi*)

Oui ! C'est mon étendard ! C'est la même bannière,
Que voulut me montrer la sainte Vierge mère.   2890
Les étoiles j'y vois trembler d'étonnement.
La colère paraît jusques au firmament.

    SOREL.

Elle est hors d'elle même ! Ah ! N'ayez plus d'alarmes
Et connaissez enfin l'illusion qui vous charme.
Dans ce que vous voyez, il n'est rien de réel.
Et loin d'ici votre âme habite dans le ciel.

    JEANNE.

Dieu terrible venez punir la créature.
Perdez-moi ! Punissez et frappez l'imposture !
Sur ma tête coupable ah ! Faites donc tomber
Votre puissant tonnerre, et que de mépriser   2900
Votre adorable nom enfin je sois punie !

DUNOIS.

Malheur ! Malheur à nous !.. Qu'est-ce que signifie
Ce langage insolite ?

LA HIRE (*étonné à Duchâtel.*)

Où tend ce changement ?

DUCHATEL.

Je vois ce que je vois. Mon grand pressentiment
S'est trop réalisé !

DUNOIS.

Que voulez-vous donc dire ?

DUCHATEL.

Ce que je pense en moi je ne puis le produire.
Plut au ciel que ceci fut plus tôt arrivé,
Et que du roi le sacre eut été achevé !

LA HIRE.

Comment ! Ce grand effroi qu'inspirait la bannière
Frapperait aujourd'hui le cœur de la bergère.   2910
Qu'à ce signe terrible aille trembler l'Anglais !
Toujours il faisait fuir l'ennemi des Français !
Mais à ce dernier peuple il était favorable.

JEANNE.

Vous dites vrai !... Toujours aux amis secourable
Il répand la terreur parmi nos ennemis.

(*On entend la marche royale*).

DUNOIS.

Prenez-le ! Car à vous il doit être remis !
Prenez donc l'étendard ! Le défilé commence !
Et tous nous devons être aux fêtes de la France !

(*On lui impose l'étendard. Jeanne le prend avec une
vive répugnance. Elle marche en avant. Les autres
la suivent.*

9

SCÈNE QUATRIÈME.

Changement de scène. Une grande place devant la
cathédrale. Le fond est rempli de spectateurs du milieu
desquels s'avancent Bertrand, Claude-Marie, Etienne,
suivis bientôt de Margot et de Louison.

On entend au loin la marche du sacre. Curiosité des
bons paysans venus de Domrémy pour la fête.

BERTRAND.

Entendez la musique ! Ils vont bientôt passer !
Qu'avons-nous donc à faire ? Et faut-il nous placer   3920
Sur cette plate forme , ou nous joindre à la foule
Pour qu'un si beau spectacle à nos yeux se déroule ?
Pouvons-nous traverser ce concours prodigieux.
Tous les chemins sont pleins d'un peuple très nombreux
Les uns sont à cheval, les autres en voiture.
Restons plutôt ici ! Du haut de ces toitures
Nous pouvons très bien voir le brillant défilé,
Si de franchir ces lieux il lui fut commandé.

CLAUDE-MARIE.

Comme moi, je le crois, la moitié de la France
S'est réunie ici pour cette circonstance.   2930
Si grand est le concours que de tous les côtés,
On en peut voir beaucoup de bourgs très éloignés.

BERTRAND.

Et qui donc en son coin peut rester immobile
Quand le pays reçoit le roi seul légitime ?
Certes ! Assez de sang, de sueur ont coulé
Avant que notre roi se soit vu couronné.
C'est à ce souverain le maître véritable,
Qu'aujourd'hui nous faisons un accueil convenable.
Et qui vaut bien celui que les gens de Paris,
Firent au maître Anglais jadis à Saint-Denis.   2940
Il n'est pas bon Français qui fuit cette affluence
Ou qui ne veut crier : « Vive le roi de France. »

SCÈNE CINQUIÈME.

Impatience des sœurs de Jeanne-d'Arc. — Margot et Louison se joignent à eux.

LOUISON.

Margot ! Nous allons voir notre très chère sœur !
Une profonde joie inonde tout mon cœur !

MARGOT.

Nous allons donc la voir dans l'éclat de sa gloire.
Et nous pourrons crier d'un accent de victoire :
« C'est Jeanne notre sœur » !

LOUISON.

        Jamais je ne croirai
Que lorsque de mes yeux enfin je la verrai
Que la grande Pucelle en France qu'on vénère
Sous le nom d'Orléans, soit notre sœur si chère,   2950
Notre Jeanne en un mot qui jadis nous quitta.

    (La marche se rapproche toujours).

MARGOT.

Tu douterais encor ? Bientôt ton œil verra !

BERTRAND.

Attention ! Elle arrive !

SCÈNE SIXIÈME.

Des joueurs de flûte et de hautbois ouvrent la marche. Des enfants suivent habillés de blanc des rameaux à la main. Derrière eux, deux hérauts ; puis une compagnie de hallebardiers, suivis de magistrats en robe. Après eux deux maréchaux avec leur bâton, le duc de Bourgogne portant le glaive. Dunois avec le sceptre, d'autres princes avec la couronne, le globe et la main de justice, et d'autres avec les présents.

Derrière eux, des chevaliers avec leurs insignes. Des enfants de chœur avec l'encensoir, puis deux Evêques avec la sainte ampoule. L'Archevêque de Reims avec la croix suivi de Jeanne avec son étendard. Elle s'avance la tête baissée et d'un pas incertain. A sa vue, ses sœurs font paraître leur étonnement et leur joie. Derrière elle s'avance le Roi sous un dais porté par quatre barons ; puis viennent des courtisans, et la marche est fermée par des soldats. Quand le cortège est entré dans l'église, la musique cesse de se faire entendre.

SCÈNE SEPTIÈME.

Joie et inquiétude des sœurs de Jeanne.

LOUISON, MARGOT, CLAUDE-MARIE, ETIENNE
ET BERTRAND.

MARGOT.
Avez-vous donc vu Jeanne ?

CLAUDE-MARIE.
Quoi ? Celle qui devant notre roi se pavane ?
Elle porte sur elle une cuirasse d'or,
A la main un drapeau plus magnifique encor.

MARGOT.
C'est elle ! C'était Jeanne !

LOUISON.
Inconnus tous pour elle !
Elle n'a pas senti l'approche fraternelle.
Elle baissait à terre un bien triste regard.
Son visage était pâle, et sous son étendard   2900
On la voyait marcher tout-à-fait chancelante.
Cette vue ah ! pour moi n'est pas bien consolante.

MARGOT.

Ainsi dans son éclat j'ai pu voir notre sœur
Oui ! J'ai pu l'admirer dans toute sa splendeur.
Eh ! Qui donc parmi nous eut jamais la pensée
De voir la jeune fille à garder empressée,
Dans ce superbe rang aujourd'hui resplendir ?

LOUISON.

Notre père a donc vu ses rêves aboutir.
Dans Reims nous devions tous un jour lui rendre hommage
C'est dans l'église aussi qu'on chante son courage.   2970
Tout ce qu'il vit en songe est donc réalisé.
Mais il a vu le tout tristement terminé ?
Je regrette aujourd'hui de la voir si glorieuse.

BERTRAND.

Pourquoi rester ici ? Dans l'église radieuse
Entrons pour partager l'universel bonheur.

MARGOT.

Entrons ! Car nous pourrions rencontrer notre sœur.

LOUISON.

Nous l'avons déjà fait ! Rentrons donc au village.

MARGOT.

Sans échanger un mot ou le salut d'usage ?

LOUISON.

Jeanne n'appartient plus aux chaumières, aux bois.
Sa place est à la cour des princes et des rois.   2980
Eh ? Qui sommes-nous donc lorsque Dieu la protège
Pour aller nous mêler à son brillant cortège ?
Comme fille étrangère elle habitait chez nous.

MARGOT.

Des objets de mépris lui serions-nous donc tous ?

BERTRAND.

De nous tous notre roi ne rougit pas lui-même
Car devant le plus pauvre il baisse un diadème.

Si haut que votre sœur puisse ainsi se montrer.
Plus grand qu'elle est le roi !

CLAUDE-MARIE.
Au temple il faut entrer.

(Ils se pressent vers le fond, et se perdent ainsi à travers la foule).

SCÈNE HUITIÈME.

Douleur de Thibaut qui croit sa fille coupable de sorti-lège. — Thibaut arrive vêtu de noir. Raymond le suit et veut le faire retirer.

RAYMOND.
Père Arc ! Vous le voyez ! La joie est unanime !
C'est la reconnaissance aujourd'hui qui s'exprime. 2990
Thibaut ! De ce concours restez donc en dehors !
De l'amour des Français vous voyez les transports.
Vous iriez attrister cette belle affluence.
Fuyez donc la cité ! Fuyons de leur présence !

THIBAUT.
Avez-vous aperçu du moins ma pauvre enfant.
L'avez-vous observée en un pareil moment ?

RAYMOND.
Je vous prie, ah ! Fuyez la ville rayonnante.

THIBAUT.
Avez-vous remarqué sa marche chancelante
Et son visage pâle et son regard troublé ? 3000
Elle-même ressent son état agité.
Le moment est venu de délivrer ma fille.
Je la servirai plus que toute ma famille.

RAYMOND.
Restez, père Thibaut ! Quel est votre dessein ?

THIBAUT.

Je veux à ce bonheur aujourd'hui mettre un frein.
Je veux, et s'il le faut, par la force employée,
La ramener à Dieu dont elle est éloignée.

RAYMOND.

Ah ! Réfléchissez bien dans un pareil moment.
N'allez pas à sa perte entraîner votre enfant.

THIBAUT.

Son âme est immortelle, et son corps périssable.

(*Jeanne sort de l'église sans l'étendard Le peuple se
presse à sa rencontre, la vénère et lui baise les
mains. Elle traverse la foule et s'éloigne*).

Elle vient ! C'est bien elle ! Elle est méconnaissable. 3010
Le remords au visage est même reflété.
C'est le courroux du ciel qui s'est manifesté.

RAYMOND.

Bonne santé, Thibaut ! Dans la ville où tout brille
Je ne veux plus rester pour Jeanne votre fille.
J'étais venu le cœur rayonnant de bonheur,
Et maintenant je pars plongé dans la douleur.
Maintenant que j'ai pu jouir de sa présence,
Je m'en vais de nouveau me faire à son absence.

(*Il s'en va. Thibaut s'éloigne par les côtés de la scène*).

SCÈNE NEUVIÈME.

Entrevue de Jeanne avec ses sœurs.

JEANNE, LE PEUPLE, SES SŒURS.

JEANNE (*après s'être débarrassée de la foule s'é-
loigne*).

Je ne puis plus rester !... Les esprits font souffrir !
L'orgue comme un tonnerre apparaît retentir. 3020

L'église aussi sur moi semble lancer ses voûtes.
Allons donc au dehors chercher les larges routes !
Dans cette église enfin j'ai laissé l'étendard.
Je ne le tiendrai plus aujourd'hui ni plus tard.
Il me semble avoir vu dans ces fêtes dernières
Et Margot et Louison, des sœurs qui m'étaient chères.
Sans doute ce n'était qu'un illusoire espoir.
Elles sont loin ! Bien loin ! Je ne puis les revoir.
Pas plus que l'heureux temps de ma lointaine enfance
Ou les jours radieux de ma belle innocence.   3030

MARGOT (s'avançant).

C'est elle ! C'est bien Jeanne !

LOUISON (va à sa rencontre).

O ma très chère sœur !

JEANNE.

Ce n'était pas un songe ! Oh ! Non ! Un vrai bonheur.
Je t'embrasse Louison et toi Margot chérie.
Parmi ces étrangers, si loin de ma patrie,
Je retrouve les cœurs des meilleurs des parents.

MARGOT.

D'une sœur dévouée elle a les sentiments.

JEANNE.

C'est votre amour pour moi, des amours le plus tendre
Qui vous fit de si loin chercher à me rejoindre.
C'est votre cœur aussi qui vous fit oublier
Que sans vous dire adieu j'avais pu vous quitter.   3040

LOUISON.

Dieu seul te fit quitter notre pauvre chaumière.

MARGOT.

Ta gloire qui s'étend sur notre France entière
Ton nom que les Français disent avec plaisir
De quitter le hameau donnèrent le désir,

Pour venir contempler une fête si belle
Etre aussi les témoins de ta gloire immortelle.
Mais nous n'étions pas seuls.

JEANNE (*aussitôt*).

Mon père a partagé
Sans doute ce voyage ? Où s'est-il donc caché !

MARGOT.

Ton père n'est pas avec nous.

JEANNE.

De voir sa fille
Serait-il donc fâché ? Croit-il une vétille
De venir m'apporter ses bénédictions ?   3050

LOUISON.

Ton père ne sait pas qu'avec toi nous soyons.

JEANNE.

Il l'ignore ? Pourquoi ? Vous regardez la terre.
Veuillez au moins me dire où se trouve mon père.

MARGOT.

Depuis que tu partis...

LOUISON (*lui fait signe*).

MARGOT.

Ton père est devenu
Très sombre !

JEANNE.

Très sombre ?

LOUISON.

Eh ! Pourquoi te troubles-tu ?
As-tu donc oublié les craintes de ton père ?
Bientôt il rentrera dans sa gaîté première,
Oubliera sa frayeur, s'il nous voit lui prouver
Qu'en ce rang le bonheur est venu te trouver.   3060

MARGOT.

Heureuse dans ces lieux, sans doute tu dois l'être,
Au milieu des honneurs où tu nous viens paraître.

JEANNE.

Je le suis aujourd'hui, puisqu'ici je vous vois,
Et que j'entends aussi le doux son de vos voix,
Rappeler du pays les riantes campagnes.
En gardant les troupeaux sur nos vertes montagnes
J'étais je crois heureuse, autant qu'en Paradis.
Puissè-je l'être ici comme en ces lieux chéris

*(Elle cache son visage contre la poitrine de Louison.
Claude-Marie, Etienne et Bertrand se montrent et
se tiennent timidement à distance).*

MARGOT.

Venez, Bertrand, Etienne, et vous Claude-Marie.
Car Jeanne notre sœur nous est toujours unie.   3070
Sans orgueil elle parle, avec tant de bonté
Que chez nous on dirait qu'elle a toujours resté.

*(Ils se rapprochent et veulent lui prendre la main.
Jeanne les regarde fixément et demeure frappée
d'une grande surprise).*

JEANNE.

Où suis-je ? Dites-le !... Et la scène écoulée
Est-elle une illusion ?... Suis-je bien éveillée ?
Serais-je donc bien loin de mon cher Domrémy.
Sous un arbre enchanté n'ais-je donc pas dormi.
Quand tout a disparu je vois votre visage
Qui m'est accoutumé depuis mon plus bas âge.
En rêve seulement m'ont paru des combats,
Des rois et des Anglais fuyant devant mes pas.   3080
Tout cela, je le sens, n'était qu'une ombre vaine,
Un pur songe écoulé là-bas sous un vieux chêne.
Comment donc jusqu'à Reims pûtes-vous arriver ?
Et moi-même comment puis-je aussi m'y trouver ?

Au milieu d'une foule à l'allure joyeuse
Qui de fêter son roi me paraît tout heureuse ?
Non ! Je n'ai pas quitté mon bourg de Domrémy.
J'en ai pour sûr garant mon cœur tout réjoui !

LOUISON.

Oui ! Nous sommes à Reims ! Si ce peuple t'acclame
Ce n'est pas pour un rêve où se berçait ton âme.   3090
Mais bien pour tes hauts faits accomplis par ton bras.
Reconnais donc le rang que tu tiens ici-bas.
Jette aussi les regards sur ta brillante armure.

(*Jeanne porte la main à sa poitrine, se reconnaît
et s'effraie*).

BERTRAND.

De ma main tu reçus ce casque pour coiffure.

CLAUDE-MARIE.

Il n'est rien de fictif ! Tout à bien existé.
Il fut par ta valeur jadis exécuté,
Et ne peut se taxer d'histoire imaginaire.

JEANNE (*aussitôt*).

Allons ! Fuyons ! Je veux ma condition première.
Je veux pour voir mon père au village rentrer.

LOUISON.

Oh ! Viens ! Viens avec nous !   3100

JEANNE.

Je vois m'idolatrer
Tout ce peuple au-delà de mon faible mérite.
Vous m'avez vue enfant, faible et toute petite.
Et, bien que vous m'aimiez, vous ne m'adorez pas.

MARGOT.

Tu désires quitter ces honneurs d'ici-bas ?

JEANNE.

Je vais aussi laisser ce costume de guerre,
Qui sépare mon cœur des parents de la terre.

Oui ! Je veux de nouveau bergère devenir !
La place d'étrangère je veux aussi tenir !
Mon intention formelle est que la pénitence
Vienne punir l'orgueil que j'eus de ma puissance.   3110

(Les trompettes se font entendre).

SCÈNE DIXIÈME.

Discours de Charles VII au peuple qui l'acclame. — Le
roi sort de l'église. Il porte les ornements du sacre.

Agnès Sorel, l'Archevêque de Reims, le duc de Bourgogne, Dunois, La Hire, Duchâtel, des chevaliers, des
courtisans, le peuple. — Toutes les voix (ne cessent de
crier durant le passage du roi).
Vive ! Vive le roi Charles sept le vaillant !

*(Les trompettes se taisent sur un signe du roi. Des
hérauts imposent silence en levant leur canne).*

LE ROI.
Peuple ! De ton amour reçois remercîment !
La couronne que Dieu sur ma tête a placée,
Avait été conquise à l'aide de l'épée.
Le peuple l'arrosa de son généreux sang.
Le sacre augmentera son éclat renaissant.
Je remercie encor tous mes sujets fidèles,
Et je pardonne à ceux qui me furent rebelles.
Je donne à mes amis une place de choix
Mais mon cœur oubliera les luttes d'autrefois.   3120
Pardon ! Fut du Seigneur la suprême parole !
Pardon ! Sera la mienne en ce jour d'auréole !

LE PEUPLE.
Vive ! Vive le roi Charles sept le Très-Bon !

LE ROI
De Dieu seul, le vrai maître, aujourd'hui comme un don
Je reçois du pays le brillant diadème.

Quelle preuve il donna de sa bonté suprême,
Je veux en ce moment aussi vous rappeler !

(Se tournant vers la Pucelle).

Celle que le Seigneur daigna nous envoyer
Se trouve devant vous ! Votre roi légitime
Vous fut conduit ici par ce cœur magnanime.   3130
Jeanne aussi des Anglais brisa le joug odieux.
Je propose qu'un nom aussi chéri des cieux
Soit joint à Saint Denis qui protège la France,
Qu'un autel vienne à tous rappeler sa vaillance !

LE PEUPLE.

Vive ! Vive à jamais celle qui nous sauva !

LE ROI *(à Jeanne).*

Si l'être comme à nous un mortel vous donna,
Dites-nous les honneurs qu'ici l'on doit vous rendre.
Si du Paradis seul vous désirez dépendre
Et si vous nous cachez de célestes rayons
Sous des traits aussi doux que ceux que nous voyons,   3140
Recevez aujourd'hui l'hommage de notre âme !
Que nous vous contemplions dans votre pure flamme
Comme le Paradis ! Qu'envers vous dévoués,
Le front dans la poussière, on nous voit prosternés.

*(Silence général. Tous les regards se dirigent vers la
Pucelle).*

JEANNE *(s'écrie tout-à-coup).*

Dieu ! Mon père !

SCÈNE ONZIÈME.

Thibaut dénonce sa fille comme envoyée de Satan.
Jeanne se tait et semble s'avouer coupable.

Thibaut sort de la foule et se place en face d'elle.

PLUSIEURS VOIX.

Son père !

THIBAUT.

Oui ! Le malheureux père
Qui donna l'existence à cette sorcière,
Et qui dans ce moment poussé par votre Dieu
Contre sa fille vient déposer en ce lieu.

LE DUC DE BOURGOGNE.

Ah ! Qu'est ceci ?

DUCHATEL.

Cela peut devenir tragique !

THIBAUT (au roi).

Vous vous croyez sauvé par la force angélique.   3150
Oh ! Le prince trompé ! Français trop aveuglés
Par sa ruse Satan seul vous à tous sauvés !

(Tous se détournent avec horreur).

DUNOIS.

Cet homme est-il donc fou ?

THIBAUT.

La lugubre folie
Ne m'atteint pas, mais vous, mais ce peuple en furie
Mais ce pieux archevêque ! Ils croient que le Seigneur
A l'aide de l'Enfer nous montre sa grandeur.
Voyons donc si ma fille en face de son père
Osera soutenir son rôle de sorcière
Qui lui fit dominer et ce peuple et ce roi.

Par le Dieu Trinité, je t'en prie, ah ! dis-moi   3160
Si le Dieu que tu sers est le Dieu innocence ?

    (*Silence général. Tous les regards se portent vers
    Jeanne. Elle reste immobile*).

    SOREL.

Dieu ! Jeanne ne dit rien !

        THIBAUT.

               Tu réponds en présence
Du Dieu que l'Enfer même a toujours redouté.
Serais-tu le Sauveur par le ciel envoyé ?
D'abord où te vit-on depuis le plus bas âge ?
N'est-ce pas sous un chêne arbre au triste présage,
Qu'on disait fréquenté par de mauvais esprits,
Du magique sabbat pendant les sombres nuits.
A ton vil ennemi, là tu vendis ton âme
Pour avoir les transports d'un peuple qui t'acclame. 3170
Retrousse, je le veux, la manche de l'habit
Où Satan de sa main sur ton bras s'inscrivit.

    LE DUC DE BOURGOGNE.

C'est odieux !... Mais pourtant on doit croire sincère
Une déposition que vient faire son père.

    DUNOIS.

Non ! Non ! On ne peut pas en croire un insensé
Qui sur sa propre enfant l'outrage a déversé

    SOREL (*à Jeanne*).

Ah ! Parlez je vous prie, et rompez ce silence.
Vous avez de nous tous l'entière confiance.
Un mot de votre bouche, un seul nous suffira.
De cette accusation que la haine inspira   3180
Faites prompte justice ! On vous croit innocente !
Ah ! Déclarez-le donc d'une voix frémissante !

    (*Jeanne se tait. Agnès s'éloigne d'elle avec horreur*).

LA HIRE.

Jeanne sans doute craint ! L'horreur l'étonnement
Doivent fermer la bouche en un pareil moment.
L'innocence, je crois, d'un pareil anathème
Se doit trouver frémir et tout hors d'elle-même.

(*Il se rapproche d'elle*).

Jeanne ne craignez point. Rassurez votre cœur.
L'innocence possède un langage vainqueur.
Un regard qui détruit toujours la calomnie.
Faites naître dans vous une noble énergie.   3190
Tenez votre front haut, faites évanouir
Un doute qui pourrait votre gloire ternir.

(*Jeanne reste immobile. La Hire se retire avec horreur. L'attroupement redouble*).

DUNOIS.

Qu'éprouve donc le peuple ? Et ce doute perfide
Ses chefs vont-ils l'avoir pour cette âme candide ?
Oui ! Jeanne est innocente. Acceptez pour garant
Mon nom de chevalier et de prince du sang.
Je jette ici mon gant pour la noble guerrière !
Qui donc va soutenir la plainte mensongère ?

(*On entend un coup de tonnerre. Tous demeurent
effrayés*).

THIBAUT.

Réponds donc au Seigneur qui tonne au haut des cieux,
Soutiens ton innocence en prouvant en ces lieux   3200
Que l'ennemi de Dieu n'entra point dans ton âme,
Et que tout mon langage est un langage infâme.

(*Un second coup plus fort que le premier. Le peuple
s'enfuit de tous côtés*).

LE DUC DE BOURGOGNE.

Ah ! Que Dieu nous protège ! Et quel signe certain
Il vient de nous donner de son profond dédain
Pour tous les beaux exploits de la fille invincible.

DUCHATEL.

Allons ! Allons, mon roi ! Fuyons ce lieu terrible !

L'ARCHEVÊQUE DE REIMS (à *Jeanne*).

Au nom de votre Dieu je viens vous demander
Pourquoi vous désirez le silence garder ?
Est-ce comme coupable ou bien comme innocente ?
Acceptez-vous du ciel cette voix éloquente ?   3220
Alors prenez la croix, signe de rédemption,
Et faites-en sur vous la représentation !

> (*Jeanne reste immobile. Nouveaux coups de tonnerre.
> Le roi, Agnès Sorel, l'archevêque de Reims, le duc
> de Bourgogne, La Hire et Duchâtel s'en vont*).

SCÈNE DOUZIÈME.

Dunois resté fidèle à Jeanne lui offre le secours de son bras.

DUNOIS, JEANNE.

DUNOIS.

Oui ! Vous êtes ma femme ! En effet la présence
Fit naître tout d'abord en vous ma confiance.
Et vous l'avez encor ! Je compte plus sur vous
Qu'en des signes divers, qu'au tonnerre en courroux
Qui si fort aujourd'hui gronde sur notre tête.
Ce silence pour moi votre courroux reflète.
Ne pensant qu'à l'éclat de vos belles actions
Vous ne voulez répondre à ces accusations.   3220
Au moins mettez en moi toute votre espérance.
Jamais je n'ai nié votre entière innocence.
Ne dites aucun mot ! Donnez-moi votre main.
Votre cause en mon bras ne compte pas en vain !

> (*Il lui prend la main. Jeanne se détourne de lui avec
> un mouvement brusque. Il demeure saisi d'un grand
> étonnement*).

10

SCÈNE TREIZIÈME.

Jeanne sur l'ordre du roi quitte Reims sous la garde de
Raymond.

JEANNE, DUCHATEL, DUNOIS, ENFIN RAYMOND.

DUCHATEL (*revenant*).

Jeanne d'Arc ! Je transmets un ordre de mon maître,
Que vous sortiez de Reims le roi veut bien permettre.
Toute porte est ouverte, et nul Français sur vous
Ne désire assouvir un trop juste courroux.
Dunois, veuillez me suivre ! Hélas ! Qui pouvait croire
Qu'une pareille issue aurait notre victoire !   3230

> (*Il s'en va. Dunois sort de son immobilité. Il jette
> encore un regard sur Jeanne et se retire. Celle-ci
> reste un moment toute seule. Enfin, paraît Raymond
> qui reste debout loin d'elle et la considère abîmé de
> douleur. Ensuite il s'approche d'elle et lui prend la
> main*).

Profitez du moment ! Car libre est le chemin.
Pour sortir de ce lieu donnez-moi votre main.
Moi je vous conduirai !

> (*Dans son premier regard, Jeanne donne des marques
> d'étonnement. Elle le regarde sans remuer, et lève
> les yeux vers le ciel. Ensuite elle le prend par la
> main et se retire*)

ACTE CINQUIÈME.

Un bois sauvage. Au loin des huttes de charbonniers. Le ciel est complètement sombre. Violents coups de tonnerre et éclairs, de temps à autre des détonations,

SCÈNE PREMIÈRE.

Un charbonnier et sa femme s'entretiennent des nouveaux malheurs de la France.

UN CHARBONNIER ET SA FEMME.

LE CHARBONNIER.

C'est un terrible orage !
De vrais étangs de feu que le ciel avec rage
Déverse sur ces lieux ! En plein jour il fait nuit,
De sorte que le ciel d'étoiles resplendit
Un soupirail d'Enfer nous paraît la tempête.
La terre tremble ! On voit aussi courber la tête
Aux chênes habitants de nos vieilles forêts.
La guerre dont le ciel fait aujourd'hui les frais   3240
Adoucit tellement chaque animal sauvage
Que mettant de côté leur naturel courage,
Dans leurs sombres réduits ils vont se réfugier,
De l'homme un bon accueil ne pouvant espérer.
Mais outre la tempête et les vents en furie
On entend bien, je crois, des bruits d'artillerie,
Et si près sont encor les deux camps ennemis
Que seule la forêt sépare les partis.
De ce temps qui s'enfuit le plus faible intervalle
Peut les voir engager une action générale.   3250

LA FEMME DU CHARBONNIER.

Que Dieu protège encor notre peuple Français !
Nous avons refoulé, dispersé les Anglais.
Que s'est-il donc passé pour craindre leurs menaces ?

LE CHARBONNIER.

Nous manquons, ils l'ont su, de forces efficaces,
Depuis que la sorcière entra dans la cité
Où Charles sept joyeux en roi s'est vu fêté.
Le Diable, c'est bien sûr, ne vient plus à notre aide
Car devant les Anglais tout s'enfuit et tout cède.

LA FEMME DU CHARBONNIER.

Ecoute !... Qui va là ?

SCÈNE SECONDE.

Raymond et Jeanne demandent l'hospitalité aux charbonniers.

RAYMOND, JEANNE, LES PRÉCÉDENTS.

RAYMOND.

Des huttes je crois voir.
Venez ! Nous trouverons j'en ai le ferme espoir
Un abri suffisant contre cette tempête.   3260
Il nous fallait trouver secours pour votre tête.
Depuis trois jours déjà vous fuyez les regards,
Vous nourrissant aux champs de ce qu'on trouve épars.

(La tempête s'apaise. Le ciel s'éclaircit).

Ces charbonniers sont bons ! Entrons dans leur chaumière.

LE CHARBONNIER.

Vous paraissez avoir besoin de vous refaire.
Tout ce que nous avons est aussi bien à vous.

LA FEMME DU CHARBONNIER.

Pourquoi donc une armure à ce sexe si doux ?
En vérité ! Chez nous tout se désorganise,

Puisqu'une femme ainsi son sexe nous déguise.   3270
Elle-même, dit-on, notre reine Isabeau
Porte au camp des Anglais ce costume nouveau.
Une jeune personne, une simple bergère,
Pour notre roi se montre intrépide guerrière.

LE CHARBONNIER.

Femme ! Que dis-tu là ? Va-t'en donc préparer
Un verre qui pourra la fille restaurer.

(La femme du charbonnier se dirige vers la hutte).

RAYMOND (à *Jeanne*).

Toutes les gens n'ont pas un cœur impitoyable.
Il en est au désert de vraiment secourables.
Jeanne ! Remettez-vous ! L'orage s'est calmé !
Le soleil bienfaisant s'est de nouveau montré !   3280

LE CHARBONNIER.

Vous allez retrouver nos soldats, je le jure,
Puisque vous voyagez sous cette forte armure.
Prenez garde ! Tout près se trouvent les Anglais,
Et leurs détachements traversent nos forêts.

RAYMOND.

Echapper au danger me paraît difficile.

LE CHARBONNIER.

Attendez que mon fils soit rentré de la ville.
Par des sentiers secrets il vous dirigera,
De sorte qu'aucun mal ne vous arrivera.
Nous savons ce chemin.

RAYMOND (à *Jeanne*).
                    Faites donc disparaître
La cuirasse et le casque ! Ils vous font trop connaître. 3290
Vous ne travaillez pas assez à vous cacher.

(Jeanne secoue la tête).

LE CHARBONNIER.

La jeune fille est triste !... Eh ! Qu'entends-je approcher ?

SCÈNE TROISIÈME.

Les charbonniers se sauvent devant Jeanne en qui l'on a
reconnu la prétendue sorcière d'Orléans.
La femme du charbonnier sort de la hutte avec un verre.
Le garçon du charbonnier.

LA FEMME DU CHARBONNIER.

C'était notre garçon qui se faisait attendre.

(*A Jeanne*).

Buvez donc ! Que le bras de Dieu sur vous s'étende.

LE CHARBONNIER (*à son fils*).

Arrive ! Arrive Anet !... Qu'as-tu donc apporté ?

> (*Le garçon du charbonnier regarde dans les yeux la
> jeune fille qui avait le verre à la bouche. Il la
> reconnaît, se dirige vers elle, et lui ôte le verre
> des mains*).

Mère ! Qu'avez-vous fait ?... En hospitalité
Vous eûtes d'Orléans la fameuse sorcière.

LE CHARBONNIER ET SA FEMME.

Que Dieu veuille pour nous montrer un cœur de père !

> (*Ils se signent et s'enfuient*).

SCÈNE QUATRIÈME.

Raymond cherche à consoler Jeanne qui le prie de
l'abandonner à son sort

RAYMOND, JEANNE.

JEANNE (*calme et résignée*).

La malédiction, vous voyez, me poursuit ;
Et chacun à l'envie et m'évite et me fuit.   2300
Ah ! Laissez-moi, Raymond ! Prenez soin de vous-même !

RAYMOND.

Moi ! Vous laisser ici dans cette peine extrême ?
Et qui donc maintenant viendrait vous protéger ?

JEANNE.

J'aurai toujours quelqu'un qui voudra m'obliger.
Vous avez sur ma tête entendu le tonnerre.
Il viendra me guider le maître de la terre.
Ne prenez donc pas garde ! En effet, je pourrai
Arriver à mon but sans que je l'ai cherché.

RAYMOND.

Où voulez-vous aller ? Car l'armée ennemie
De se venger sur vous serait ici ravie.   3310
Plus loin vous trouveriez les soldats de ce roi
Qui vous vient d'expulser comme un objet d'effroi.

JEANNE.

Il ne m'arrivera que ce que Dieu tolère.

RAYMOND.

Et qu'aurez-vous pour vivre en l'extrême misère.
Contre les animaux qui vous protègera ?
Des hommes plus cruels qui vous garantira ?
Qui pourra vous soigner en cas de maladie ?

JEANNE.

J'ai réussi sans peine au courant de la vie
Des plantes à savoir les précieuses vertus.
Par moi les aliments ne sont pas confondus.   3320
Les troupeaux m'ont appris cette utile science.
Du mouvement des cieux aussi j'ai connaissance.
J'entends couler des eaux que les yeux ne voient pas.
L'homme a besoin de peu pour soutenir ses pas.
Et tout de la nature il tire en cas extrême.

RAYMOND (*la prend par la main*).

Vous ne voulez donc pas réfléchir en vous-même
Vous réconcilier avec Notre Seigneur,
Et dans un endroit saint épancher votre cœur ?

JEANNE.

D'un péché très grossier vous me croyez coupable ?

RAYMOND.

Pourquoi donc ce silence alors si regrettable ?   3330

JEANNE.

Vous qui m'avez suivie en ce triste abandon
Vous qui m'êtes resté fidèle compagnon,
Et qui me défendiez lorsque la ville entière
Ne savait me montrer qu'une folle colère,
Vous allez donc aussi votre Jeanne traiter
De sorcière ayant pu son maître rejeter ?

                              (Raymond se tait).

Avouez que c'est dur !

                    RAYMOND (étonné).
                              Vous n'étiez pas sorcière ?

JEANNE.

Une sorcière, moi ?

                    RAYMOND.
                              Votre belle carrière
Vos exploits prodigieux, et de tous admirés
Sont l'œuvre du Très-Haut, de ses saints vénérés   3340

JEANNE.

De qui donc autrement ?

                    RAYMOND.
                              Et cette attaque indigne
De colère n'a pu vous arracher un signe ?
Aujourd'hui vous parlez ! Et quand devant le roi
Vous deviez protester, pas un signe d'émoi
N'a paru sur vous-même !

                    JEANNE.
                              Oui ! J'ai par ce silence
Accepté que mon Dieu comme une pénitence
Me réservât le sort qui lui plairait le mieux.

RAYMOND.

Vous ne pouviez répondre à votre père anxieux ?

JEANNE.

Mais Dieu pour éprouver peut employer un père.
Et l'épreuve par là me parait plus légère.   3350

RAYMOND.

Contre vous le ciel même alors se déclara.

JEANNE.

Cher Raymond, je me tus parce que Dieu parla.

RAYMOND.

Vous pouviez d'un seul mot prouver votre innocence
Et vous avez pourtant laissé la foule immense
Dans sa funeste erreur !

JEANNE.

     C'était moins une erreur
Qu'un sort déjà pour moi fixé par le Seigneur.

RAYMOND.

Vous avez innocente enduré cette injure !
Aucun cri n'est sorti de votre âme si pure !
Voilà ce qui m'étonne, et je suis confondu.
Ah ! Mon cœur saigne bien dans mon être éperdu.   3360
Pour dissiper l'erreur un mot vous est loisible.
De vous croire coupable il me serait pénible.
Mais je vous le demande aurais-je pu songer
Qu'en silence l'affront vous iriez supporter ?

JEANNE.

Aurais-je mérité l'honneur d'être choisie
Pour que l'Anglais par moi vit sa force amoindrie
Si je n'acceptais pas du ciel les volontés ?
Mon sort est moins cruel que vous ne le pensez.
Il est vrai que j'endure une grande misère.
Mais ce n'est pas un mal pour une âme un peu fière. 3370

En fuite et dans l'exil, dans cet affreux malheur
J'apprends à chaque instant à connaître mon cœur.
Quand mon nom paraissait entouré d'auréole
Je me sentais de feu pour un bien si frivole.
J'étais plus malheureuse en cette position
Quand je croyais pouvoir égaler en renom,
Les plus illustres chefs. Le malheur ma guérie.
Et je viens de trouver comme une illustre amie
Dans la grande tempête, où ce triste séjour
Paraissait arrivé jusqu'à son dernier jour.   3380
L'univers est serein, grâce à cette tourmente.
Cela se passe en moi ! Car je suis bien contente.
Allez-vous en partout où bon vous semblera.
Pour se plaindre mon cœur jamais n'éclatera.

    RAYMOND.

Allons sans plus tarder montrer à notre France
De celle qui l'aima la parfaite innocence.

    JEANNE.

Celui qui m'envoya cette confusion
Saura de mon côté ramener l'opinion.
Quand le fruit sera mûr, il se fera connaître.
Un jour viendra montrer la beauté de mon être.   3390
Ceux qui sont contre moi dans leur funeste erreur
Plaindront en gémissant mon sort et mon malheur.

    RAYMOND.

Et je devrais donc tout endurer en silence,
Jusqu'à-ce que le soit l'indiquât à la France ?

    JEANNE (*lui prend doucement la main*).

Vous voyez seulement le côté naturel,
Le regard obscurci d'un voile tout charnel.
Pour moi j'ai l'œil fixé sur l'Eternelle vie.
La tête d'un cheveu sans Dieu n'est dégarnie.
Voyez-vous aujourd'hui le soleil se coucher ?
Demain vous le verrez sûrement se lever.   3400
Ainsi la vérité finit toujours par luire.

SCÈNE CINQUIÈME.

Jeanne est faite prisonnière par Isabeau et les Anglais.
— La reine Isabeau se montre avec des soldats dans le
lointain.

ISABEAU (*encore derrière la scène*).

Ce chemin doit au camp des Anglais nous conduire.

RAYMOND.

Malheur! Les ennemis !

(*Des soldats arrivent. En apercevant Jeanne, ils s'en
retournent effrayés*).

ISABEAU.

    Qu'ont donc vu ces soldats ?

LES SOLDATS.

Le seigneur devant nous !

ISABEAU.

      Pour arrêter leurs pas

Suffît-il d'un fantôme ? Est-ce donc une armée ?
De vulgaires poltrons on la dirait formée.

(*Elle traverse les rangs, va en avant, et recule en
apercevant Jeanne*).

Que vois-je ?

(*Bientôt elle se remet et s'avance du côté de Jeanne*).

    Prisonnière ! Ainsi donc rendez-vous.

JEANNE.

Soit !

(*Raymond s'enfuit avec des signes de désespoir*).

ISABEAU (*aux soldats*).

Mettez lui des liens qui la tiennent chez nous.

(*Les soldats s'approchent de Jeanne en tremblant. Elle
donne son bras et paraît heureuse*).

Est-ce donc cette fille autrefois redoutée
Devant qui notre armée était déconcertée   3410

Semblable à des agneaux ! Car nous venons de voir
Que de se protéger elle n'a nul pouvoir.
Un peuple simple seul peut la croire immortelle.
Femme elle redevient quand paraît devant elle
Quelqu'un de décidé !

(*A la Pucelle*).

Comment si loin du roi,
Si loin de votre armée et seule devant moi ?
Où donc est ce Dunois qui prit votre défense ?

JEANNE.

Je suis bannie !

ISABEAU (*reculant d'étonnement*).

Eh ! Quoi ? Bien loin de sa présence
Le Dauphin vous chassa ?

JEANNE.

Ne veuillez pas sonder
Comment l'arrêt du sort ici m'a fait tomber !   3420

ISABEAU.

Vous qui l'avez sauvé d'une ruine complète,
Qui la couronne à Reims posâtes sur sa tête,
Auquel, comme à son roi la France avez soumis,
Envoyée en exil !... Je reconnais mon fils !
... Conduisez Jeanne au camp ! Montrez à notre armée
Le fantôme qui l'a si souvent alarmée.
Quoi ? Jeanne une sorcière ? Elle ne l'était pas.
Peuple crédule et lâche ayant peur du trépas
Vous ne l'êtes que trop ! C'est une fille folle
Qui depuis bien longtemps pour son cher roi s'immole.   3430
Voilà donc la faveur que reçoit de son roi
Celle qui sut pour lui fouler aux pieds l'effroi.
Je veux qu'à Lionel Jeanne soit amenée,
La fortune de France amenée enchaînée !
Et moi je suis de près !

JEANNE.

Que l'on me mette à mort,
Plutôt qu'à Lionel de confier mon sort !

IZABEAU (*aux soldats*).

Exécutez mon ordre et veuillez la conduire !

(*Elle s'en va*).

SCÈNE SIXIÈME.

Jeanne excite vainement les soldats à lui donner la mort.

JEANNE, SOLDATS.

JEANNE.

Anglais ! Ne faites pas que je puisse vous nuire
En fuyant de vos mains ! Veuillez donc vous venger.
Veuillez donc en mon sein votre glaive plonger !   3440
Aux pieds de votre chef apportez-moi sans vie.
Aux principaux Anglais c'est moi qui l'ai ravie.
Par moi sans compassion ils furent transpercés
Des flots de sang anglais par moi furent versés.
Les fils de vos héros n'eurent pas plus la joie
De revoir leur patrie ! Ainsi que l'on vous voie
Aujourd'hui tous venger le sang de vos Anglais.
Veuillez donc m'immoler ! L'ancien chef des Français
N'a plus en ce moment son pouvoir redoutable.
Profitez ! Croyez-moi, du moment favorable.   3450

LE CHEF DES SOLDATS.

A l'ordre d'Isabeau nous devons obéir !

JEANNE.

Plus malheureuse encor je pourrais devenir !
Oh ! Redoutables saints ! Votre main est pesante.
M'avez-vous retiré votre faveur puissante !
Ni les anges ni Dieu ne sont de mon côté.
Il n'est plus de miracle et le ciel est fermé !

SCÈNE SEPTIÈME.

Le camp Français. Dunois cherche en vain à disculper
Jeanne d'Arc. — Dunois entre l'Archevêque et Duchâtel.

L'ARCHEVÊQUE.

A la mauvaise humeur, prince, faites donc trêve.
Rendez à votre roi votre cœur, votre glaive !
Gardez-vous d'oublier dans un triste repos
La France qui comptait sur ce bras de héros.   3460

DUNOIS.

Pourquoi donc notre France est-elle ainsi bravée ?
Et pourquoi l'ennemi va-t-il tête levée ?
Nous avions tous les biens qu'on nous avait ravis.
Nous étions victorieux et non plus asservis !
Vous avez exilé le sauveur, la Pucelle.
Maintenant il vous faut tous triompher sans elle.
Non ! Non ! N'espérez point que je porte mes pas
A ce camp dans lequel Jeanne aujourd'hui n'est pas.

DUCHATEL.

Prince ! Ne soyez pas à ce point inflexible.
Nous ne vous laissons pas sur ce mot si terrible.   3470

DUNOIS.

Taisez-vous, Duchâtel ! Car je ne puis aimer
L'homme qui le premier osa la soupçonner.

L'ARCHEVÊQUE.

Qui ne serait tombé dans une erreur fâcheuse
Envers notre Pucelle, en la journée affreuse
Où plus d'un signe hélas ! Contre elle se montra.
En ce moment le cœur de nous tous se troubla.
Nous fûmes tous frappés de ce coup de tonnerre
Qui vint subitement faire trembler la terre.
Qui pourrait discuter dans un pareil émoi ?

La réflexion revient à tous ainsi qu'à moi.　　　3480
Comme lorsque chez nous elle passait sa vie
Elle ne nous paraît d'aucun défaut ternie.
Nous devons l'avouer ! Nous nous sommes trompés.
Tous de cet acte odieux nous restons inculpés.
Du moins il faut le craindre ! Oui ! Le roi se lamente.
Le duc des Bourguignons la plaint comme innocente.
La Hire dans son cœur sent un vrai désespoir.
Oui ! Tous regrettent Jeanne ! Oui ! Tous voudraient l'avoir.

DUNOIS.

Quoi ! Jeanne une menteuse ? Ah ! Si d'une apparence
Qui put à tout le monde inspirer confiance　　　3490
La vérité chez nous venait à s'entourer
Quels traits fallait-il donc qu'elle put nous montrer ?
Si la fidélité, la parfaite innocence
Venaient chercher asile en notre chère France,
N'auraient-elle de Jeanne, et les discours sans art,
Et, reflet de son cœur, le limpide regard.

L'ARCHEVÊQUE DE REIMS.

Le ciel devant nos yeux étala des merveilles,
Dévoilé des secrets que la science et nos veilles
Ne pouvaient pénétrer ! Pour nous plus d'illusion.
Nous avons bien commis d'après mon opinion　　　3500
L'un de ces deux péchés : « Ou pour sauver la France »
Nous avons employé l'infernale puissance,
Ou dans le cas contraire, une sainte exilé,
Ainsi donc c'est bien sûr ? L'un ou l'autre péché
Armera contre nous la colère céleste.

SCÈNE HUITIÈME.

Raymond vient annoncer que Jeanne est prisonnière des
Anglais.

UN GENTILHOMME, LES PRÉCÉDENTS ET RAYMOND.

LE GENTILHOMME.

Altesse ! Pour vous voir un berger crie et peste.
Il désire pouvoir lui-même vous parler
Il doit sur la Pucelle aujourd'hui reveler
Un secret important !

DUNOIS.

Eh ! Bien ! Qu'il se présente !
Il n'est en ce moment d'affaire plus pressante.

(Le gentilhomme fait rentrer Raymond).

DUNOIS (se précipite vers lui).

Où se trouve donc Jeanne ?

RAYMOND.

A vous, Prince, bonheur,
Ainsi qu'a moi trouvant ce révérend Seigneur
Ce saint homme dans qui la vertu, l'innocence
Ont toujours rencontré la plus sure défense.

DUNOIS.

Où donc est la Pucelle ?

L'ARCHEVÊQUE

Expliquez-vous, mon fils !

RAYMOND.

Jeanne n'est pas sorcière et c'est moi qui le dis.
Le Seigneur, tous les saints, de ce fait oui ! J'atteste.
Le peuple est dans l'erreur. Un envoyé céleste,
La parfaite innocence un jour furent bannis.

DUNOIS.

Où donc est la Pucelle ?

RAYMOND.

Oui ! moi qui la suivis
Dans sa fuite à travers la forêt des Ardennes
Je fus le confident intime de ses peines.
Je désire mourir accablé de douleur,
N'avoir aucune part à l'éternel bonheur,
Si Jeanne, Monseigneur, n'est pas une innocente.

DUNOIS.

Du jour n'est pas plus pur l'astre à la flamme ardente.
Où donc se trouve Jeanne ? Enfin, veuillez parler.

RAYMOND.

Oh ! Puisse, grâce à Dieu, votre cœur se changer.
Car Jeanne est aujourd'hui des Anglais prisonnière.

DUNOIS.

Prisonnière ? Comment ?

L'ARCHEVÊQUE.

Malheureuse bergère !   3530

RAYMOND.

Nous cherchions dans l'Ardenne un asile assuré
Quand la reine Isabeau nous avons rencontré.
Celle-ci des Anglais l'a mise en la puissance.
Veuillez la délivrer ! Jeanne sauva la France !
Oui ! Veuillez l'arracher au sort le plus cruel !

DUNOIS.

Aux armes ! Tous debout ! Qu'on batte le rappel.
Qu'on sonne la trompette, et que plein de vaillance
On s'arme pour avoir sa prompte délivrance.
En ce jour ou jamais l'honneur est engagé.
Notre cher Palladium hélas ! Fut enlevé !   3540
Que chacun aujourd'hui donne son sang pour elle,
Avant la fin du jour délivrons la Pucelle !

(Ils sortent).

11

SCÈNE NEUVIÈME.

Jeanne captive brave ses vainqueurs. — Une Tour, au-dessus une plate-forme.

JEANNE ET LIONEL.

FALSTOF (*entrant avec précipitation*).

Non ! Nous ne pouvons pas le peuple retenir.
Il veut que la Pucelle enfin aille mourir !
Vous résistez en vain au vœu de votre armée
Qui veut que de la Tour sa tête soit jetée !
Oui ! Sa mort seule peut apaiser les soldats.

ISABEAU (*vient*).

Ils appliquent l'échelle ou bien pressent leurs pas.
Contentez donc le peuple ! Ou, voulez-vous attendre
Qu'il aille en sa fureur la Tour aussi vous prendre   3550
Ou bien que nous soyons tous ici massacrés !
De sauver la Pucelle en vain vous essayez !
Veuillez l'abandonner à leur juste colère.

LIONEL.

Laissez-les murmurer ! Je ne me trouble guère !
La serrure est solide, et puis m'ensevelir
Sous la Tour m'irait mieux que de leur obéir.
— Répondez-moi donc Jeanne, et devenez ma femme.
Je vous défends de ceux que la colère enflamme.

ISABEAU.

Etes-vous bien un homme ?

LIONEL.

Et puis tous vos amis
Vous ont abandonnée ! Or, pour un tel pays   3560
Vous bravates la peur d'un sexe si timide,
Mais les poltrons ont fui ! Car l'intérêt les guide.

Vous ne les verrez pas s'armer pour votre honneur.
Moi seul je vous protège avec un vrai bonheur !
Une fois, je le crois, ma vie à vous fut chère.
Alors de l'ennemi j'éprouvai la colère.
Aujourd'hui vous n'avez pas d'autre ami que moi !

JEANNE.

Vous êtes ennemi ! Vous combattez le roi !
Nos plus chers intérêts ne sauraient se confondre.
Et nos deux cœurs ainsi ne peuvent correspondre.   3570
Si vous sentez pour moi de l'inclination,
Faites qu'elle aille au bien de chaque nation.
Eloignez sans tarder votre nombreuse armée
D'un pays désolé, ma France bien-aimée.
Cela ne suffit pas ! Rendez-nous les cités
Dont vous êtes vainqueurs, mais vainqueurs détestés.
Rendez le butin fait sur cette triste terre.
Mettez en liberté les prisonniers de guerre.
Enfin, pour tout conclure, envoyés sans délais
Des ôtages précieux pour un traité de paix.   3580
Au nom du Souverain cette paix je demande.

ISABEAU.

Un prisonnier aux fers est celui qui commande ?

JEANNE.

Faites ce que je dis, lorsque vous le pouvez.
Jamais à votre joug vous ne nous soumettrez.
Avant qu'un tel espoir jamais se réalise
Il faut que votre armée ici s'ensevelisse.
En France sont tombés tous vos meilleurs soldats.
Ne songez qu'au retour, et trêve de combats.
Votre honneur est perdu, votre grandeur ruinée.

ISABEAU.

Pouvez-vous tolérer ces mots d'une insensée ?   3590

SCÈNE DIXIÈME.

Attaque des Français. — Jeanne est menacée de mort
par ses geoliers. — Un capitaine arrive en toute hâte.

LE CAPITAINE.

Général ! Au combat disposez les Anglais !
Car, drapeaux déployés, arrivent les Français.
De leurs armes au loin resplendit la vallée.

JEANNE (*toute joyeuse*).

Enfin ! Bien décidée avance notre armée !
Descendez dans la plaine Anglais remplis d'orgueil.
La plupart d'entre vous vont trouver leur cercueil.

FASTOLF.

Jeanne ! Modérez donc votre joie insensée,
Car vous ne verrez pas la fin de la journée.

JEANNE.

Mes soldats doivent vaincre, et moi je dois périr !
Car ils n'ont plus besoin que j'aille les servir.   3600

LIONEL.

Je sens pour ces guerriers uue pitié profonde.
Que de fois j'ai vu fuir leur troupe vagabonde,
Avant que vous vinssiez exiter son ardeur.
Aucun d'eux ne saurait m'inspirer de la peur.
Voilà pourtant les gens qui vous ont exilée.
Venez ! Falstof ! Joignons une belle journée,
Aux jours si glorieux de Crécy, de Poitiers.
Reine ! Vous resterez avec ces chevaliers
Pour garder la Pucelle, attendant que la guerre
Ait fait pencher ici le sort pour l'Angleterre.   3610
Cinquante chevaliers vous doivent obéir.

FASTOLF.

Eh ! Quoi ? Vous voudriez à l'ennemi courir,
En laissant dans la Tour cette fille insensée ?

JEANNE.

Comment ? Vous avez peur d'une fille enchaînée ?

LIONEL.

Jeanne ! Par un seul mot veuillez donc m'assurer
Que vous n'essayerez pas à nos mains d'échapper.

JEANNE.

A fuir de cette Tour je sens, le cœur m'entraîne.

ISABEAU.

Liez-là fortement par une triple chaîne.
Impossible que Jeanne alors aille s'enfuir !

(*Jeanne à le corps entouré de chaînes ainsi que les bras*).

LIONEL (*à Jeanne*).

C'est ainsi seulement que l'on peut vous tenir.   3620
Vous pouvez cependant avoir la délivrance.
Vous n'avez pour cela qu'à laisser votre France !
Portez notre étendard et ces soldats furieux
De vous obéir tous se montreront heureux !

FASTOLF (*le pressant*).

Allons ! Mon général !

JEANNE.

                        Vous ne pouvez convaincre !
Et les Français sont là ! Tâchez donc de les vaincre.

(*Les trompettes sonnent. Lionel s'en va*).

FASTOLF.

Reine ! Un très grand devoir retombe aussi sur vous.
Si le sort des combats se tourne contre nous,
Si vous nous voyez fuir.....

ISABEAU (*tirant un poignard*).

                        Dissipez votre doute !
Elle ne vivra pas pour voir notre déroute.

FASTOLF (à *Jeanne*).

Sur vous est suspendu le glaive de malheur.
Maintenant désirez qu'en France on soit vainqueur.

(*Il s'en va*).

SCÈNE ONZIÈME.

Description de la bataille faite par un soldat Anglais
qui la regarde du haut de la Tour. — Jeanne s'échappe
miraculeusement.

ISABEAU, JEANNE, SOLDATS.

JEANNE.

Oui ! Je saurai m'enfuir ! Et quelle prisonnière
N'en voudrait faire autant ? Notre marche guerrière
En cet heureux moment fait palpiter mon cœur.
Elle est pour mes soldats un signe de bonheur.
Mort, défaite aux Anglais ! A nos Français, victoire !
Courage, fiers soldats ! Vous acquerrez la gloire !
La Pucelle aujourd'hui se trouve près de vous.   3640
Elle ne peut hélas ! Dans son juste courroux
Porter comme jadis en avant sa bannière.
De terribles liens m'enserrent toute entière.
Mais mon esprit est libre et se peut transporter
Tout joyeux au devant de votre hymne guerrier.

ISABEAU (à *l'un des soldats*).

Montez à cette tour d'où l'on peut voir la plaine
Et faites-nous savoir quel aspect a l'arène.

(*Le soldat monte au haut de la tour*).

JEANNE.

Courage, chers François, dans ce dernier combat.
Encore ce succès, les Anglais sont à-bas !

ISABEAU.

Soldat que voyez-vous ?

LE SOLDAT.

La lutte est engagée
Un guerrier intrépide en avant de l'armée.   3650
Paraît sur un cheval qui se montre orgueilleux
Recouvert de la peau d'un tigre furieux.

JEANNE.

C'est le comte Dunois ! Brave guerrier, courage !
De l'Anglais sont à bout et la force et la rage !

LE SOLDAT.

Le duc des Bourguignons veut s'emparer du pont.

ISABEAU.

Ah ! Pussent dix aciers percer jusques au fond
Ce cœur faux et ce traître !

LE SOLDAT

Ah ! Quelle résistance
Vient opposer Fastolf ! Quelle noble vaillance !
Descendant de cheval, soldat contre soldat,
Ils nous offrent l'aspect d'un terrible combat   3660

ISABEAU.

Le Dauphin est-il là ! Voyez-vous apparaître
Les insignes royaux qui le font reconnaître ?

LE SOLDAT.

De poussière le ciel commence à se charger.
Aussi je ne puis rien désormais distinguer.

JEANNE.

Plut au ciel que la Tour ne vint pas à ma vue
Cacher de ce combat la curieuse étendue.
Le sauvage ramier je distingue dans l'air
Ainsi que le faucon ! Tant mon regard est clair.

LE SOLDAT.

Près du canal se livre une lutte acharnée.
Les chefs sont en avant de notre brave armée.   3670

ISABEAU.

Distinguez-vous encor nos étendards flottants ?

LE SOLDAT.

Je vois nos étendards flotter au gré des vents.

JEANNE.

Ah ! Si je pouvais voir à travers la muraille.
Mon regard suffirait pour juger la bataille.

LE SOLDAT.

Malheur à moi ! Que vois-je ? Ah ! Lionel cerné !

ISABEAU (*levant son poignard sur Jeanne*).

Tiens ! Meurs, infortunée !

LE SOLDAT (*bientôt après*).

Ah ! Bien ! Il est sauvé !
Car Fastolf des Français fond sur l'immense ligne,
Les rangs les plus épais sous ses coups il incline.

ISABEAU (*remettant le glaive au fourreau*).

Rends donc grâce à ton ange !

LE SOLDAT.

Ils fuient de tous côtés !

ISABEAU.

Qui fuit ?

LE SOLDAT.

Les Bourguignons, les Français dispersés !   3680
On ne voit que fuyards dans toute cette plaine.

JEANNE.

Dieu me laissera-t-il sous cette forte chaîne ?

LE SOLDAT.

Un chef, prince est blessé !

ISABEAU.

Des leurs ou des Anglais ?

LE SOLDAT.

Le casque est enlevé ! C'est Dunois un Français !

JEANNE (*cherchant de toutes ses forces à briser ses chaines*).

Je ne suis qu'une femme, une femme enchaînée !

LE SOLDAT.

Voyez quel est ce chef qui porte pour livrée
Un manteau bleu de ciel, et tout chamarré d'or ?

JEANNE.

Hélas ! Un autre chef, et c'est mon maître encor !

LE SOLDAT.

Son cheval épuisé vient aussi de s'abattre.
Pour s'éloigner le roi me paraît se débattre.   3690

(*Jeanne accompagne ces paroles d'un grand mouvement d'effroi*).

Les nôtres vers le roi courent à rangs serrés,
Et s'approchant de lui se sont autour pressés.

JEANNE.

Quoi donc ? Au haut des cieux il n'est plus pour nous d'ange !

ISABEAU. (*riant aux éclats*).

Maintenant il est temps ! Allons ! Pars, et le venge !

JEANNE (*tombe à genoux et prie Dieu à haute voix*).

« Dans ma grande détresse, écoutez-moi, Seigneur !
Mon âme vers le ciel soupire avec ardeur.
C'est là que je vous vois. La toile d'araignée
Grâce à vous peut servir de corde destinée
A tenir un vaisseau ! Le lien le plus puissant
En toile d'araignée est changé dans l'instant.   3700
Vous n'avez qu'à vouloir et ces chaînes se brisent
Et les murs de la tour sur le sol alors gisent.
Vous portâtes secours à Samson enchaîné,
Quand aveugle il était un objet de pitié

Pour un peuple orgueilleux, Mettant sa confiance
Dans votre bras puissant, sur toute l'assistance
Il fit choir les piliers soutiens de sa prison ! »

LE SOLDAT.

Victoire !

ISABEAU.

Qu'est-ce donc ?

LE SOLDAT.

En notre possession
Vient de tomber le roi, l'ennemi redoutable.

JEANNE (*se levant brusquement*).

Seigneur à mes desseins montrez-vous favorable.   3710

(*Elle a saisi ses chaînes avec force de ses deux mains
et les a brisées. Au même instant elle se précipite
sur le soldat le plus rapproché, lui enlève son épée
et sort de la Tour. Les soldats la regardent avec
stupéfaction*).

SCÈNE DOUZIÈME.

Suite du récit de la bataille. — Les Français sont
vainqueurs.

LES PRÉCÉDENTS SANS JEANNE.

ISABEAU (*après une longue pause*).

Qu'est-elle devenue ?... Il me semble rêver !
Comment des liens si forts a-t-elle pu briser !
Jamais je n'aurais cru possible un tel miracle,
Si je n'avais pas vu cet étonnant spectacle.

LE SOLDAT (*en vedette*).

Des ailes pour voler a-t-elle donc reçu ?
Plus vite que le vent elle a bien disparu !

ISABEAU.

Ah ! Parle ! Où donc est-elle ?

LE SOLDAT.

Au fort de la mêlée
Plus vite que ma vue, elle s'est envolée.
Si je la vois ici, là-bas je l'aperçois.
Elle est en même temps en différents endroits   3720
Elle fauche les rangs. Tout fléchit devant elle.
Les Français ne fuient plus, grâce à cette Pucelle.
Malheur à moi ! Que vois-je ! Aux notres faiblissant
Je vois jeter et glaive et drapeaux en fuyant.

ISABEAU.

Elle irait arracher la victoire assurée ?

LE SOLDAT.

Elle est bien près du roi ! La proie est enlevée !
Et son monarque est libre. Hélas ! Fastolf est mort.
Lionel dans les fers va terminer son sort !

ISABEAU.

Je n'en veux plus savoir ! Descends donc vite à terre.

LE SOLDAT.

Ah ! Reine ! Veuillez fuir ! Vous seriez prisonnière
Un groupe d'ennemis menace cette tour.

(Il descend).

ISABEAU (tirant son épée).
Vous combattez ainsi pour l'honneur de ce jour !

SCÈNE TREIZIÈME.

La Hire arrive avec des soldats. A son approche, la
troupe de la reine met bas les armes.

LA HIRE (s'approche d'elle avec respect).
Aux volontés d'En-Haut, reine soyez docile.
Vos soldats ont cessé toute lutte inutile
Mes offres de service, il vous faut accepter,
Et m'indiquer l'endroit où vous voulez rester !

ISABEAU.

Un endroit quel qu'il soit ne saurait me déplaire
Si tout près du Dauphin ne reste pas sa mère.

(*Elle rend son épée et suit La Hire avec les soldats*).

SCÈNE QUATORZIÈME.

Changement de scène. On voit le champ de bataille. Des
soldats, enseignes déployées, remplissent le fond.
Devant eux le roi et le duc de Bourgogne. — Entre les
bras des deux princes est Jeanne mortellement blessée,
et ne donnant aucun signe de vie. Ils avancent lentement.
— Agnès Sorel se précipite sur la scène. — Mort de
Jeanne d'Arc.

SOREL (*se jette dans les bras du roi*).

Vous êtes libre !... En vie !... Et vous m'êtes rendu !

LE ROI.

Je suis libre ! A ce prix, je le suis devenu !   3740
(*Il montre Jeanne*).

SOREL.

Ah ! C'est Jeanne !... Seigneur ! Elle paraît mourante !

LE DUC DE BOURGOGNE.

Elle touche à la fin de sa vie étonnante.
Bientôt vous allez voir un ange nous quitter.
Voyez-la donc en paix, sans douleur reposer ;
On dirait un enfant qui sommeille tranquille.
Oui ! C'est la paix du ciel dans cette âme virile.
Aucun souffle aujourd'hui n'agite plus son sein.
Toutefois en sentant la chaleur de sa main
On peut sans se tromper croire qu'elle est en vie.

LE ROI.

Jeanne est là devant nous ! Sa carrière est finie.
Vers ce triste séjour n'abaissant plus les yeux,

Elle règne là-haut en esprit radieux.
Elle n'aperçoit plus notre douleur amère !

SOREL.

Elle ouvre encor les yeux cette fille si chère.

LE DUC DE BOURGOGNE (*étonné*).

Oui ! Jeanne en ce moment nous revient du tombeau.
Elle a vaincu la mort par un sort tout nouveau.
La voilà qui s'agite. Enfin, elle se lève !

JEANNE (*Se tient debout et regarde autour d'elle*).

Où suis-je en ce moment, et n'est-ce pas un rêve ?

LE DUC DE BOURGOGNE.

Vous êtes, noble fille, au milieu des soldats
Qui par vous tant de fois vainquirent aux combats,
Dans une réunion qui vous est dévouée,
De cœurs reconnaissants se trouvant composée.

LE ROI.

Dans les bras des amis, les bras de votre roi !

JEANNE (*après avoir jeté au tour d'elle un long et
fixe regard*).

Non ! Non ! Je ne suis pas une sorcière, moi !
Non ! Je ne le suis pas !

LE ROI.

Vous êtes bien un ange !
Mais nos yeux ici-bas au milieu de la fange
Etaient environnés de la plus sombre nuit !
Avec peine l'on voit la vérité qui luit.

JEANNE (*jette autour d'elle un regard calme et
souriant*).

Suis-je réellement au sein de mon armée ?
Ne suis-je pas encore bannie et méprisée ?   3770
Ne me maudit-on pas ? Me voit-on bien joyeux ?
— Oui ! Je vois tout ici clairement de mes yeux.

Là, j'aperçois mon roi, les drapeaux de la France.
Je ne vois pas le mien ! C'est par son assistance
Que nous avons vaincu les féroces Anglais.
Sans lui je ne puis pas vous quitter pour jamais.
Il me fut confié par mon généreux maître.
Bientôt devant son trône, il me faut le remettre.
Et, par moi, sans nul doute, il peut être montré.
Au chemin de l'honneur je l'ai toujours porté.   3780

    LE ROI (*regardant rapidement autour de lui*).

Donnez-lui l'étendard !

    (*On le lui apporte. Elle se tient debout le drapeau à
la main. Le ciel se montre peint de couleur rose*).

    JEANNE.

               Ses couleurs enflammées
Dans les airs l'arc présente à vos âmes charmées,
Le ciel aux portes d'or devant moi vient s'ouvrir.
Le brillant chœur des saints bientôt va m'éblouir.
Le fils de l'Eternel repose en leur poitrine.
Chacun avec bonté vers moi ses bras incline.
Mais !... Que ressent mon être et faible et passager ?
Des nuages légers semblent me soulever.
Comme une aile je sens la cuirasse pesante.
Au séjour des élus je monte triomphante.   3790
A mes yeux disparaît le séjour de douleur !
Après de courts soucis, vient l'éternel bonheur !

. . . .

    (*L'étendard tombe de ses mains ; elle-même s'affaisse
sans vie sur ses replis. Tous les assistants restent
longtemps en proie à une profonde émotion. Sur un
signe du roi, tous les drapeaux viennent doucement
s'abaisser sur Jeanne, jusqu'à ce que la Pucelle
disparaisse ensevelie sous ce glorieux trophée*.

    FIN.

ERRATA

1°. — Page 22, vers 551, lisez : *Echevins*, au lieu de Des Echevins. — Vers 556, lisez : *ne veut pas qu'ils attendent*, au lieu de veut bien qu'ils se présentent.

2°. — Page 26, vers 638, lisez : *Ou bien de Danaüs*, au lieu de ou bien Danaüs.

3°. — Page 31, vers 827, lisez : *perdra le vainqueur*, au lieu de perdra un vainqueur.

4°. Page 35, vers 869, lisez : *n'expose point*, au lieu de n'expose pas.

5°. — Page 39, vers 942, lisez : *Et le berceau*, au lieu de Et le palais.

6°. — Page 50, vers 1207, lisez : *et non en recevoir*, au lieu de et non recevoir.

7°. — Page 59, vers 1400, lisez : *d'avoir alliés les Anglais*, au lieu d'avoir pour alliés les Anglais.

8°. — Page 64, vers 1510, lisez : *Tout ce qui*, au lieu de Tout ce que.

9°. — Page 71, lisez : *en ce puissant duel*, au lieu de dans ce puissant duel.

10°. — Page 99, vers 2332, lisez : *pas encor roi proclamé*, au lieu de pas encore roi proclamé.

11°. — Page 104, vers 2468, lisez : *pour l'amitié profonde*, au lieu de pour une amitié longue.

12°. — Page 108, en tête, lisez :

LA HIRE.

Moi je vous suis ! Allons !

LE DUC DE BOURGOGNE.

Mais, vous n'êtes pas seul ! Nous tous etc.

13°. — Page 153, vers 3445, lisez : *non plus la joie*, au lieu de pas plus la joie

14°. — Page 159, vers 3579, lisez : *envoyez sans délais*, au lieu de envoyés sans délais.

15°. — Page 160, vers 3608, lisez : *exciter son ardeur*, au lieu de exiter son ardeur.

16°. — Page 169, vers 3770, lisez : *encor bannie*, au lieu de encore bannie.

www.ingramcontent.com/pod-product-compliance
Lightning Source LLC
Chambersburg PA
CBHW072042090426
42733CB00032B/2108